Methoden-ABC im Coaching

Methoden-ABC im Coaching

Praktisches Handwerkszeug für
den erfolgreichen Coach

von
Werner Vogelauer

Luchterhand

Die Deutsche Bibliothek – CIP-Einheitsaufnahme

Vogelauer, Werner :
Methoden-ABC im Coaching : praktisches Handwerkszeug für den erfolgreichen Coach / Werner Vogelauer. – Neuwied ; Kriftel : Luchterhand, 2000
ISBN 3-472-04139-0

Alle Rechte vorbehalten
©2000 by MANZ Verlag, Wien und Hermann Luchterhand Verlag GmbH, Neuwied · Kriftel/Ts.
Das Werk einschließlich aller seiner Teile ist urheberrechtlich geschützt.
Jede Verwertung außerhalb der engen Grenzen des Urheberrechtsgesetzes ist ohne Zustimmung des Verlages unzulässig und strafbar. Das gilt insbesondere für Vervielfältigungen, Übersetzungen, Mikroverfilmungen und die Einspeicherung und Verarbeitung in elektronischen Systemen.
Datenkonvertierung und Satzherstellung: Mag. Christine Horn, 1070 Wien
Druck: Novographic, Wien 23
Umschlaggestaltung: GrafikDesign Reckels & Schneider-Reckels, Wiesbaden
Printed in Austria · 2000

Inhalt

1.	**Vorwort und Einleitung**	7
2.	**Wie arbeite ich mit dem Buch?**	9
2.1	Rahmenbedingungen für den Coach	9
2.2	Verwendung der Instrumente und Methoden	12
2.2.1	Ein Beispiel zur Anwendung und Nutzung	13
2.2.2	Einsatz der Instrumente in den Coaching-Phasen	14
2.3	Der Coaching-Verlauf	17
2.4	Emotionale Aspekte und Ganzheitlichkeit im Coaching	22
2.5	Voraussetzungen für einen professionellen Coach	23
2.6	Ethik im Coaching	28
3.	**Methoden (Instrumente, Visualisierungen)**	31
(1)	Arbeitsstil – erkennen und verbessern	32
(2)	Abwertungen – erkennen und bearbeiten	36
(3)	Aktives Zuhören und Reflektieren	38
(4)	Antreiberverhalten und seine konstruktiven Kerne	40
(5)	Biographische Lebenslinie	44
(6)	Beziehungsstruktur(en) – Transaktionsanalytische Muster	47
(7)	Bilanzblatt	49
(8)	Coach the Coach – Reflexion	51
(9)	Diagnose	53
(10)	Vier Ebenen (zur Wahrnehmung und Intervention)	55
(11)	Entscheidungsmethodik – Pro-Contra-Liste	56
(12)	Entscheidungsmethodik – Entscheidungsmatrix	58
(13)	Evaluation – Erfolgskontrolle	60
(14)	Fragetechnik-Diamant	61
(15)	Vier Gesprächsstufen	63
(16)	„Psychologischer Hunger"	65
(17)	Intimitäts-Quotient (Beziehungs-IQ)	68
(18)	Interventionen – „9-P-Modell" der ganzheitlichen Inhaltsarbeit	71
(19)	Kulturaspekte im Coaching	73
(20)	Persönliche Kernqualitäten	75
(21)	Kraftfeld-Modell	77

(22)	Kommunikationsebenen im Coaching	79
(23)	Lernebenen – Veränderungsprozesse	81
(24)	Lerntyp – Profil	83
(25)	Metaphern	88
(26)	Netzwerk der Ziele bzw. Problempunkte	90
(27)	Optionen in der Kommunikation	92
(28)	Passivitäts- und Aktivitätsstufen	94
(29)	Peak-Experience/-Performance	96
(30)	Pentagon-Modell zur Problemklärung und Zielbildung	98
(31)	Problemlösungs-Schlaufe („Lemniskate")	100
(32)	Ressourcen-C.H.E.C.K	103
(33)	Rolle und Erwartungsklärung	105
(34)	Situationsanalyse	108
(35)	Selbstverantwortung und OK-Positionen	112
(36)	Strategieüberprüfung und -entwicklung	114
(37)	Spiele und manipulative Gesprächsmuster	118
(38)	Stabile Zonen (Quellen innerer Kraft)	123
(39)	T.O.W.S.-Modell zur Ermittlung von Stärken, Schwächen, Chancen und Gefahren in einer Situation	125
(40)	Urteile treffen (ganzheitliche Urteilsbildung)	127
(41)	Veränderungsprozess in der Zeit	129
(42)	Verhaltensorientierung und Selbsterkenntnis	131
(43)	Vertragsgestaltung und Vertrauen – 4-P-Modell	134
(44)	Visions- und Zielarbeit	136
(45)	Wahrnehmungsverzerrungen	139
(46)	Willensarbeit	141
(47)	Zeithorizonte	143
(48)	Zielpräzisierung	146
(49)	Ziel-Management	149
(50)	Zeichnen von Gefühlen und Empfindungen	152
4.	**Verzeichnis der Abbildungen und Beispiele**	**153**
5.	**Stichwortverzeichnis**	**157**

1. Vorwort und Einleitung

Welche Ideen, Unterlagen, Hilfsmittel verwenden Coaches heute? Handelt es sich dabei um gut gehütete Geheimnisse von Leuten, die sich nicht in die Karten schauen lassen wollen? Oder kommen Instrumente und Hilfsmittel in Coachings in einer Art und Weise zum Einsatz, dass sie für den Kunden bzw. Klienten transparent werden, um ihm/ihr zu zeigen, was Coaches tun?

Das sind Fragen, die ich an den Anfang stellen möchte. Die folgenden Materialien, die ich über Jahre meiner Coaching-Tätigkeit gesammelt und entwickelt habe, sollen nicht nur angehenden oder praktizierenden Coaches Ideen vermitteln und auch Unterstützung in ihrer Arbeit geben. Auch der „Gecoachte" kann Einblick nehmen, kann sich orientieren. Allerdings wird es für den Gecoachten nicht reichen, einfach nur die Methoden auszuprobieren und davon auszugehen, dass es dann schon klappen wird – á la Self-Coaching. Ein/e professionelle/r Partner/in sieht nicht nur mehr, sondern kann durch Nichtbetroffenheit wesentlich besser mit problematischen Situationen umgehen als man selbst.

Eine wichtige und zentrale Frage ist, mit welcher Haltung gehe ich an meine Coachings heran? Das Methoden-Handwerkszeug benötigt:

❏ Überlegten und vorbereiteten Einsatz,

❏ Hintergrund-Kenntnis (psychologisch wie sachlich),

❏ Verständnis der Beziehungssituation und eine

❏ ethische Haltung.

Die Materialien bringen jenen Coaches am meisten, die das goldene Dreieck der Coaching-Arbeit berücksichtigen: Aus einer ethischen und partnerschaftlichen Grundhaltung, eine auf den Kunden/Klienten bezogene und ihm dienende Arbeit, die in ihrer Ganzheitlichkeit nicht nur auf den kognitiven und rationalen Aspekt, sondern ebenso auf den emotionalen und persönlichen Aspekt eingeht.

Zur Handhabung des Buches: Neben den angeführten Methoden *(Kapitel 3)* beschreibe ich die wichtigsten Rahmenbedingungen, die für die Arbeit des

Coach Voraussetzung sind *(Kapitel 2.1),* weiters einen Leitfaden für die Verwendung der Instrumente *(Kapitel 2.2, 2.2.1 und 2.2.2),* Hinweise für den möglichen Coaching-Verlauf *(Kapitel 2.3)* sowie zentrale Gedanken zu den emotionalen Seiten und der Ganzheitlichkeit im Coaching *(Kapitel 2.4).*

Da sowohl weibliche wie männliche Personen als Coach wie Coach-Kunde agieren, möchte ich den Begriff Coach für beide Geschlechter verstehen. Zur leichteren Lesbarkeit habe ich mich speziell im Methoden-Teil dafür entschieden, es bei einem Begriff zu belassen.

Ich hoffe, bei Leserin wie Leser Interesse zu wecken und wünsche beim Schmökern Spaß wie gute Erfolge und Erfahrungen beim Einsatz der beschriebenen Instrumente und Methoden. Gerne nehme ich Rückmeldungen über den Einsatz und auch über Weiterentwicklungen bzw. neue anregende Gedanken zu methodischen, ganzheitlichen Konzepten im Coaching entgegen.

Werner Vogelauer

2. Wie arbeite ich mit dem Buch?

2.1 Rahmenbedingungen für den Coach

❑ Von welcher Orientierung gehe ich als Coach aus?
❑ Was erwartet der Kunde von mir?
❑ Wie lautet seine Frage, sein Problem?
❑ Wie kann ich mit den Möglichkeiten des Coaching und mit den Vorgehensweisen im Coaching den Kunden unterstützen?

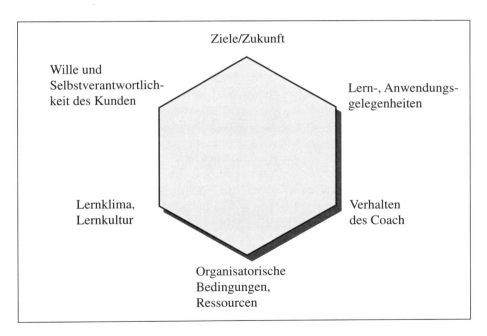

Abbildung 1: Rahmenbedingungen

Ich beginne bei den **Zielen und der Zukunftsorientierung** des Coaching-Kunden: Welche Ziele hat er für die Arbeit mit mir als Coach? Nennt er Probleme, die er verändern möchte, oder nennt er nur Situationen und möchte von mir fertige Lösungen, obwohl das Problem noch im Unklaren liegt? Sind die Ziele oder Zukunftsbilder deutlich, nicht nur für den Gecoachten, sondern kann ich sie auch hören bzw. verstehen?

Wenn ich an die Arbeit mit einem Coaching-Kunden gehe, so ist von vornherein wichtig abzuklären, ob er innerlich bereit ist, Verhaltensweisen, Einstellungen oder Aktivitäten zu verändern und auch einen **Willen zur Veränderung** mitbringt, d. h. glaubwürdig zeigen kann, dass er etwas verändern will und sich der Veränderungswille nicht nur in Worten erschöpft.

Ein weiterer Kernpunkt für ein erfolgreiches Coaching ist die Tatsache der **Selbstverantwortlichkeit** des Kunden. Ist er bereit, alle Aktivitäten selbst zu entscheiden, sie selbst in Gang zu setzen und auch die Wirkungen zu akzeptieren bzw. dafür einzustehen? Oder wartet bzw. erwartet er vom Coach, Lösungen und rezeptartige Vorgehenshinweise, die er lediglich nachzumachen braucht? Oder erwartet er Entscheidungen bzw. Umsetzungsratschläge vom Coach? In beiden letzteren Fällen handelt es sich um wenig taugliche Ausgangspositionen für Coaching.

Eine weitere Voraussetzung für Erfolge in der Umsetzungsarbeit durch Coaching liegt in den **Lern- und Anwendungsgelegenheiten,** die der Coaching-Kunde vorfindet. Werden Themen besprochen, die noch in weiter Ferne liegen oder Inhalte, die zwar theoretisch zu klären sind, aber weder aus der Position noch aus der Arbeitssituation, noch aus zeitlicher Perspektive in naher Zukunft realisierbar sind, so wird kaum sinnvolle Coaching-Arbeit leistbar sein. Übungs- und Erfahrungsgelegenheiten in der Praxis, die im nächsten Gespräch wiederum reflektiert, vertieft bzw. ergänzt werden können, sind ein zentraler Punkt für Coaching-Erfolge.

Handelt es sich beim zu installierenden Coaching um ein Führungskräfte- oder Mitarbeiter-Coaching? Geht es um ein arbeitspraktisches oder um ein persönliches Thema? Bei jedem Coaching kommt das **Lernklima** und die **Lernkultur des Umfeldes** bzw. der Organisation ins Spiel. Unterstützen die Kollegen, die Vorgesetzten bzw. die Mitarbeiter neu gelerntes Verhalten, und sind sie bereit an Veränderungen mitzuwirken oder sie mitzutragen, dann kann dies zu einem Erfolgsfaktor für den Gecoachten werden. Widerstände, Abwertungen oder Verzerrungen des Vorhabens des Gecoachten durch seine Umgebung beeinflussen die Umsetzung bzw. Nicht-Umsetzung massiv!

Nicht zu unterschätzen ist auch das **Verhalten des Coach,** das zum Erfolg der Umsetzungsarbeit beim Coaching-Kunden beitragen kann. Der Coach kann in seiner Art durch stimmiges Verhalten (Reden = Tun) verstärkend wirken. Wenn er selbst berichtet, dass er bspw. in seiner eigenen Arbeit die Art der Fragestellungen auf „offene W-Fragen" (was, wer, wann, wie, wo) verändert hat und von seinen (positiven) Erfahrungen berichtet, trägt er zur mittelbaren Veränderung des Kunden bei. Andererseits kann er durch Verharmlosung der Kundenprobleme oder durch oberflächliche Informationen („machen Sie einfach ...") eher destruktiv zur Umsetzung beitragen.

Aus dem weiten vor allem psychosozialen Feld der Coaching-Arbeit möchte ich drei Punkte herausgreifen:

- **Die Unterstützung durch Zurückhalten der Coach-Aktivität**
  Das heißt den Gecoachten animieren, etwas zu probieren, ihn auffordern, das Herausgearbeitete zu tun, damit zu experimentieren und zu berichten (und nicht ihm die Worte schon in den Mund legen oder vorschnelle Hinweise geben).

- **Die Fähigkeiten und Ideen des Kunden zuerst nutzen**
  Auch wenn Fähigkeiten und Ideen im ersten Moment nicht da zu sein scheinen, bspw. durch Kunden-Aussagen wie, „Was soll ich da tun?" oder „Sie sind da sicherlich erfahren, was können Sie mir raten?" u. ä. m. Die selbst gefundenen und entschiedenen Punkte sind mit größerer Wahrscheinlichkeit umsetzbar. Bei auftretenden Problemen wird der Misserfolg nicht auf den Coach und seine nicht umsetzbaren Ideen abgewälzt. Jedoch kann ich als Coach ebenfalls Ideen und Alternativen miteinbringen. Die Entscheidung, was zu tun ist, trifft in jedem Falle der Kunde.

- **Bezug immer zum Ziel bzw. zum Problem herstellen**
  Ist die Idee, Maßnahme geeignet, diesen Problempunkt zu treffen bzw. für die Zukunft zu verbessern? Auch Coaches gleiten ab, bspw. indem sie völlig andere Themen anschneiden und bearbeiten oder dem Kunden-Thema ausweichen. Ablenkungen seitens des Kunden, etwa in einem plötzlichen Übergehen auf ein belangloses Thema (Seitenschritt) oder indem die weniger schwerwiegenden Punkte des Themas hervorgehoben werden (Ausweichmanöver), oder auch durch Aussagen des Kunden wie „da können Sie mir sicherlich nicht helfen", „das wollen wir weiter nicht besprechen", „das kläre ich anders" usw. (verbales Glatteis), können manches Mal zu nicht zielnahen Aktivitäten führen.

Welche **Organisationsbedingungen** bzw. **Ressourcen** sind in der Organisation des Gecoachten oder bei ihm selbst vorhanden? Geht es beispielsweise um die Umsetzung von Coaching-Lösungen, zu deren Realisierung er nicht über die entsprechende Kompetenz im Unternehmen verfügt, oder gibt es ganz spezielle Richtlinien in der Organisation gerade für dieses bearbeitete Thema? Sind dazu finanzielle Mittel notwendig? Braucht er bestimmte Hilfsmittel oder Materialien, über die er nicht alleine verfügen kann?

2.2 Verwendung der Instrumente und Methoden

Die im Buch aufgeführten Methoden, Übungen und Instrumente beginnen mit einem **themenbezogenen Titel,** der als Orientierung zum Arbeitsinhalt dient.

Die unter **„Voraussetzungen"** angeführten Informationen dienen dem Leser und dem diese Methode anwendenden Coach als wichtiger Hinweis, was er für den Einsatz dieser Methode an sachlichen oder psychologischen Hintergründen benötigt. Manches Mal kann es nötig sein, **Voraussetzungen** für den Einsatz der Methode zu schaffen oder Vorbereitungsschritte zu unternehmen. Es kann jedoch die Situation des Kunden, persönlich wie organisatorisch, zu speziellen Vorarbeiten (was brauchen Sie/wir, um mit der „Methode ..." arbeiten zu können?), Absicherungsmaßnahmen (was dürfen wir auf keinen Fall tun?) oder Anschlussaktivitäten (wie war das Vorgehen für Sie? Wie ist es Ihnen im Verlauf der Methode gegangen? u. ä.) Anlass geben. Ohne eine Einlösung dieser Punkte sehe ich die Nutzung des Instrumentes ethisch, fachlich und aus Effektivitätsgründen problematisch an.

Unter **„Ziele"** sind einige mit der Methode zu erreichende Ergebnisse angeführt. Diese hier dargestellten Punkte beruhen auf eigenen Erfahrungen bzw. auf Gesprächen und Mitteilungen von Coaching-Kolleginnen und Kollegen.

Mögliche **„Ausgangssituationen":** Hier beschreibe ich mögliche bzw. erlebte Einstiege. Die angeführten Instrumente beziehen sich auf diese Punkte. Es ist von Fall zu Fall jeweils zu überprüfen, wenn weitere Einstiegssituationen auftauchen – ob mit dieser Methode oder einer anderen besser bearbeitet werden kann.

„Indikatoren": Der Gecoachte zeigt diese Merkmale häufig zu Beginn (optisch/akustisch). Dieser Indikator ist Orientierung für Methode, Vorgehen bzw. Randelemente beim Einsatz.

Unter **„Vorgehen"** werden ein oder mehrere Abläufe beschrieben, die sich beim Einsatz des Instrumentes bewährt haben. Der genannte Zeitaufwand kann als Zirka-Wertung genommen werden, ist jedoch von der Situation, von der Geschwindigkeit des möglichen Vorgehens und der Beziehung Gecoachter – Coach, möglichen inhaltlichen Vorkenntnissen sowie notwendigen Seitenschritten abhängig.

Da die meisten Menschen visuelle Typen sind und auf Zeichnungen, Grafiken oder Bilder wesentlich stärker reagieren und dabei auch eine bessere Merkfähigkeit aufweisen, ist es angeraten, auch im Coaching so weit wie möglich Bilder und Grafiken zu nutzen. Unter **„Grafische Umsetzung/Visualisierung"** sind daher Hinweise, verwendete Schaubilder oder weiterführende Möglichkeiten zu den Themen dargestellt. Sie sollen die Kreativität des Coach anregen, selbst für seine Arbeit im Coaching situativ und ideenreich zu sein.

Unter „**Autor**" finden Sie den Urheber dieser Übung/dieses Instruments oder die mir bekannte Person, die diese Übung veröffentlicht bzw. mir weitervermittelt hat. Im Abschnitt **„Weiterführende Literatur"** sind wichtige Werke zur inhaltlichen, psychologischen oder methodischen Vertiefung zum Thema für den Coach zusammengestellt.

2.2.1 Ein Beispiel zur Anwendung und Nutzung

Als Coach erfahre ich von einem Kunden, dass er bei einem Mitarbeiter merkt, dass er trotz verschiedener Versuche, ihn wenig aktivieren und motivieren kann. Die Frage, die sich der Coaching-Kunde stellt: Wie kann ich meinen Mitarbeiter aktivieren? Wonach könnte der Mitarbeiter sich bei seinem Engagement, das er sonst hat, orientieren?

Thema: Motive ... Methode „Psychologischer Hunger" (siehe S. 65)

Zur Überprüfung bzw. Ergänzung finden Sie unter

Ausgangssituation

weitere Beispiele und Hinweise zur Situation. Der Coaching-Kunde erzählt u. a. vom Gefühl der Demotiviertheit beim Mitarbeiter (siehe b) bzw. dass die Aufgaben im Job nicht so ganz klappen, obwohl er über Fähigkeiten und Fertigkeiten dazu verfügt (siehe c).

Eine Fokussierung der Ausgangslage kann

Indikatoren

liefern. Entweder ist dies beim Coaching-Kunden selbst sichtbar oder im Fall, den er in Beziehung zu anderen Personen einbringt. Bspw. ist zwischen den Zeilen zu hören, dass er die Situation des Mitarbeiters nicht ganz versteht („Unverständnis der Motivation").

Welche Ziele sind durch den Einsatz dieser Methode im Coaching-Gespräch erreicht? Bspw. ist das Klären von (eigenen) Bedürfnisstrukturen und den Job-Bedingungen unter

Ziele

genannt. Der Kunde formulierte, dass er die Situation zum Mitarbeiter verbessern will, mehr seine Motive ansprechen will. Erkennen will er auch, was nicht passt. Die Motive des Chefs (Coaching-Kunde) und die seiner Mitarbeiters bzw. der Unterschiede stehen wahrscheinlich im Zentrum (siehe drittgenanntes Ziel).

Ein hilfreiches Arbeiten mit der Methode ist für den Coach unter

Vorgehen

aufgeführt. Hier sind nicht nur die einzelnen Schritte der Anwendung konkretisiert, sondern auch dargelegt, wann Tests, Grafiken, Modelle o. ä. angewendet werden können. Bspw. lässt der Coach nach Situationsbeschreibung und Information über „Psychologischen Hunger" den Chef für sich selbst und für den Mitarbeiter die Unterlagen ausfüllen.

Da die visuelle Merkfähigkeit der meisten Menschen hoch ist, sind auch optische Unterstützungen für die Coaching-Arbeit und den Kunden sinnvoll. In den meisten Methoden sind Grafiken, Zeichnungen usw. unter

Instrumente, Visualisierungen

nach der Methodenbeschreibung angeführt. Zum Beispiel ist für den Coaching-Kunden das Stabdiagramm für den „Psychologischen Hunger" mit einem ausgefüllten Beispiel enthalten *(Abbildung 20)*. Um die einzelnen Bereiche besser zu verstehen, gibt es eine Definition von praktischen Situationen zu den jeweiligen „Hunger"-Arten *(Beispiel 7)*.

Die meisten Übungen wurden vom Autor entwickelt bzw. anhand von Informationen aus der Kollegenschaft bzw. aus der Literatur weiterentwickelt oder adaptiert. Hierzu geben

Autor und
weiterführende Literatur

Hinweise. Besonders beim Nachlesen spezieller Theorien, Zusammenhänge oder für das Einlesen in umfangreichere Themenkreise wie etwa Transaktionsanalyse oder Psychosynthese sind genaue Buch- und Zeitschriftenangaben angeführt.

2.2.2 Einsatz der Instrumente in den Coaching-Phasen

Die fünf Phasen des Coaching-Prozesses, die im folgenden Kapitel 2.3 näher beschrieben sind, stehen Pate für die folgende Zusammenstellung des Methodeneinsatzes. Für Interessierte werde ich die Methoden in Beziehung zu den Phasen im Coaching setzen, auch wenn viele Methoden nicht nur in einer Phase, sondern in verschiedenen Schritten des Coaching-Prozesses anwendbar sind.

Phase 1 – Kontakt	Phase 2 – Kontrakt
(2) Abwertungen	(2) Abwertungen
(3) Aktives Zuhören und Reflektieren	(3) Aktives Zuhören und Reflektieren
(10) Vier Ebenen (zur Wahrnehmung und Intervention)	(7) Bilanzblatt
(14) Fragetechnik-Diamant	(10) Vier Ebenen (zur Wahrnehmung und Intervention)
(19) Kultur-Aspekte im Coaching	(23) Lernebenen – Veränderungsprozesse
(28) Passivitäts- und Aktivitätsstufen	(26) Netzwerk der Ziele bzw. Problempunkte
(30) Pentagonmodell zur Problem-	(28) Passivitäts- und Aktivitätsstufen klärung und Zielbildung
(33) Rollen und Erwartungsklärung	(30) Pentagonmodell zur Problemklärung und Zielbildung
(34) Situationsanalyse	(31) Problemlösungs-Schlaufe (Lemniskate) teilweise
(45) Wahrnehmungsverzerrungen	(34) Situationsanalyse
	(36) Strategie-Planung im Coaching
	(43) Vertragsgestaltung und Vertrauen – 4-P-Modell
	(45) Wahrnehmungsverzerrungen
	(48) Zielpräzisierungs-Zonen
	(49) Ziel-Management

Phase 3 – Arbeit
In Phase 3 sind mit Ausnahme von
(8) Coach the Coach
(13) Evaluation, nur den Zwischencheck
(36) Strategie-Planung im Coaching, bestenfalls bei Überarbeitung
(43) Vertragsgestaltung und Vertrauen – 4-P-Modell, bestenfalls bei Überarbeitung
alle Methoden anwendbar/einsetzbar.

Phase 4 – Abschluss	Phase 5 – Evaluation
(2) Abwertungen	(2) Abwertungen
(6) Beziehungsstrukturen-Transaktionsanalytische Muster	(6) Beziehungsstrukturen – Transaktionsanalytische Muster
(7) Bilanzblatt	(13) Evaluation
(13) Evaluation	(26) Netzwerk der Ziele bzw. Problempunkte
(26) Netzwerk der Ziele bzw. Problempunkte zur Überprüfung der Anfangssituation	(50) Zeichnen von Gefühlen und Empfindungen
(33) Rolle und Erwartungsklärung zur Überprüfung	
(38) Stabile Zonen	
(46) Willensarbeit	
(48) Zielpräzisierungs-Zonen	
(49) Ziel-Management	

2.3 Der Coaching-Verlauf

Aus meiner Praxis hat sich der im Folgenden dargestellte Verlauf bewährt. Natürlich gibt es im Alltag notwendige Adaptierungen. Nachstehend sind die wichtigsten Phasen des Coaching-Verlaufs sowie die zentralen Charakteristika der einzelnen Phasen sowohl für Coach als auch Gecoachten angeführt *(siehe auch Coaching-Praxis, S. 41)*.

Die Phasen und ihre praktische Umsetzung

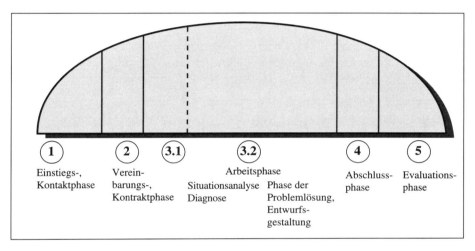

Abbildung 2: Die fünf Phasen des Coaching

1. Einstiegs- und Kontakt-Phase

Dieses Gespräch dient dem Kennenlernen und der Orientierung und stellt eine wichtige beidseitige freibleibende Möglichkeit dar, auch auszusteigen und das Coaching nicht zu beginnen. Im Anschluss an den Vertragserhalt kann eine kurze Nachdenkzeit wichtig sein, um sicherzugehen, dass der Coaching-Kunde von seinem Vorhaben auch wirklich überzeugt ist.

Für den **Coach** ist in dieser Phase wichtig:

- Wechselseitige Sympathie und Akzeptanz
- Offenheit und Bereitschaft, sich auf eine Phase mehrerer Gespräche einzulassen
- Ein Thema, das nach erstem Ermessen für Coaching geeignet ist
- Erkennbares Kunden-Engagement für sein Thema (und nicht Abwälzen auf den Coach)

Für den **Gecoachten** ist in dieser Phase wichtig :
- Vertrauen
- Gefühl der Kompetenz des Coach
- Ein Problem bzw. eine Frage, die selbst nicht lösbar erscheint
- Gefühl des Aufgehobenseins
- Akzeptanz der eigenen Person mit allen Schwierigkeiten bzw. Themen
- Effektives Vorgehen
- Erfahrungen mit dem Coach (auch in anderen Zusammenhängen) bzw. Empfehlungen wichtiger nahestehender Personen

2. Vereinbarungs- und Kontrakt-Phase

Wenn der Klient nach dieser Orientierungsphase konkret ins Coaching einsteigen will, dann kann entweder in einem weiteren Gespräch oder gleich im Anschluss an die Kontaktphase die detaillierte Vereinbarung über das anstehende Coaching beginnen.

Aus der Sicht des **Coach** ist wichtig:
- Die Schriftlichkeit der Ausgangssituation bzw. der Zielvorstellungen
- Eine Planung vornehmen können
- Das Wissen, um administrative Klarheit und deren Abwicklung
- Die Rahmenbedingungen und Einflüsse kennen
- Verständnis für die Problemsituation bzw. das Ziel des Kunden
- Eine realistische Einschätzung der eigenen Coach-Fähigkeiten

Für den **Gecoachten** ist wichtig:
- Klare Vereinbarungen und Anhaltspunkte sowie die Freiheit, eventuell frühzeitig abzuschließen
- Sich mit seinen Problemsituationen bzw. Zielvorstellungen angenommen zu fühlen
- Ein Bild des Vorgehens und der Zuständigkeiten zu haben

3. Arbeits-Phase

a) Arbeit an Situationsanalyse und Diagnose

Zu Beginn eines Coaching ist es wichtig, etwas grundsätzlicher an Hintergründe und Ursachen der Situation heranzugehen. Trotzdem ist die Diagnose ein Prozess, der in späteren Gesprächen immer wieder zu den speziell zu behandelnden Themen benötigt wird.

Wichtig für den **Coach:**
- Vielfalt und Flexibilität an Methoden und Vorgehensweisen zur Diagnose
- Interesse und Neugierde wecken beim Coaching-Kunden
- Offenheit und Interesse des Klienten

- Verständnis für die Situation des zu Coachenden
- Gemeinsames Bild (Diagnose) der zu bearbeitenden Situation in sinnvoller Breite wie Tiefe
- Orientierung halten (und sich nicht einschläfern oder ablenken lassen)

Wichtig für den **Gecoachten:**
- Vertraulichkeit, besonders was persönliche Angaben und Firmendaten angeht
- Verständnis und Verstehen seitens des Coach
- Gewinnen von Klarheit bzw. neuen Perspektiven durch die Diagnose
- Orientierung für den inhaltlichen und zeitlichen Verlauf bekommen
- Unterstützung spüren bzw. sich einlassen können (durch erlebte Kompetenz des Coach)
- Den roten Faden halten, „dran bleiben" an der Thematik (nicht stur, sondern im Bewusstsein halten, nichts anderes deswegen liegen lassen)

b) Arbeit an Problemlösung und Entwurfsgestaltung

Diese Phase ist in allen Coaching-Prozessen zumeist die zeitlich längste. Sie unterteilt sich in mehrere Gespräche, je nach Problem- und Zielsituation *(siehe Kapitel 2.4)*. Erfahrungsgemäß haben sich folgende Etappen eines einzelnen Coaching-Gespräches als praktikabel erwiesen.

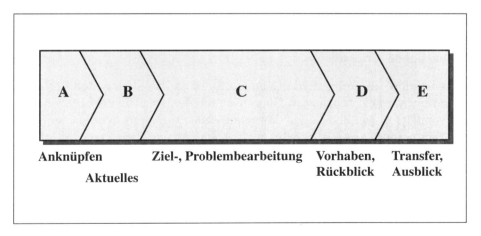

Abbildung 3: Die Etappen eines einzelnen Coaching-Gespräches

A Anknüpfen

Umsetzungsergebnisse, Erfahrungen mit „Vorhaben vom letzten Gespräch" oder negative Erlebnisse mit Anwendungen seit dem letzten Gespräch.

Häufig verwendete Fragen:

- Was haben Sie erfolgreich umgesetzt?
- Welche positiven Erfahrungen sind damit verbunden? Wie geht es mit dem Vorhaben vom letzten Mal weiter?
- Wenn nicht erfolgreich, was waren die Hauptwiderstände bzw. -gründe des Nicht-Umsetzens? Wie geht es damit weiter? Welche anderen Maßnahmen, Verhaltensweisen sind notwendig, um erfolgreich zu sein?
- Wen haben Sie als Verbündeten zur Unterstützung im Alltag bzw. wer kann Sie besonders durch welches Verhalten bzw. welche Art behindern?

B Aktuelles

Dieser Teil scheint mir wesentlich, da Energien für die Coaching-Arbeit blockiert sein können. Manchmal gibt es ad-hoc-Situationen, die den Kunden massiv beschäftigen, stören, ärgern und die mit dem Coaching nichts zu tun haben. Auch sehr erfreuliche Dinge können dies sein. Das bewusste Umgehen, Einbeziehen der momentanen Gestimmtheit hilft Energien sichtbar und gestaltbar machen.

C Ziel-, Problembearbeitung

Neues „altes" Thema, das vereinbart wurde bzw. aktuell vom Kunden im Rahmen seines Vorhabens angesprochen bzw. vom Coach aus der seinerzeit vereinbarten Themenpalette neu angeboten und vom Kunden ausgewählt wird.

D Vorhaben, Transfer

Hier werden die Vorhaben der Kunden, seien es Ziele oder auch Problemsituationen, näher bearbeitet. Diagnosen werden spezifiziert bzw. vertieft. Verschiedene Methoden zu Vorgehen oder Inhalten werden genutzt. Schlummernde Ideen, Alternativen des Kunden zum Thema werden erfasst, eventuell von Seiten der Coach ergänzt, erweitert, konfrontiert. Hier werden die konkreten Schritte des Kunden vorbereitet, was er wie und wann tun wird. Die Maßnahmen können daher verhaltensbezogen, beziehungsorientiert, arbeitsmethodisch oder strukturell sein. Hier ist wichtig den Kunden zu ermutigen, diese Vorhaben konkret zu formulieren, sich eventuell das Ziel bildlich vorzustellen. Über Erfahrungen und Erfolge wird beim nächsten Meeting gesprochen *(siehe Anknüpfungspunkt A)*.

E Rückblick und Ausblick

Die Abrundung des Gesprächs, mit Vorwärtsorientierung (zum nächsten Mal), aber auch ein Blick in das Gespräch zurück kann emotional und sachlich positiv wirken. Es könnte in der Zusammenfassung vielleicht auftauchen, dass ein wichtiger Punkt fallen gelassen, beiseite gestellt wurde oder jetzt nicht mehr von Bedeutung ist. Das auszusprechen und Schritte für „Nicht-Vergessen" zu vereinbaren, kann in Anbetracht von Vertraulichkeit, Klarheit, roter Faden und „Linie halten" bedeutend sein.

4. Abschluss-Phase

Ist der Coaching-Prozess erfolgreich in die Zielgerade eingebogen, sind Probleme bearbeitet bzw. Lösungen gefunden und damit die Ziele erreicht, dann ist es zweckmäßig für beide Partner im Coaching-Prozess zurückzublicken und damit Abschied zu nehmen, aber auch nach vorne zu blicken und die neuen Fähigkeiten, Fertigkeiten und Muster zu festigen und zu verstärken.

Wichtig für den **Coach**:
- Offen zurückblicken können
- Gutes Gefühl der wirkungsvollen Arbeit
- Ernten dürfen/können
- Partnerschaftliche und direkte Gesprächs-Atmosphäre

Wichtig für den **Gecoachten**:
- Umgesetztes mit Erfolg erleben
- Unterstützt worden sein
- Emotionale Begleitung, nicht alleine gelassen worden zu sein
- Gutes Gefühl der Verbesserung, Veränderung
- Etwas gelernt zu haben
- Aktive/anregende Gesprächs-Atmosphäre
- Gefordert worden zu sein

5. Evaluations-Phase

In Anbetracht der Selbstständigkeit des zu Coachenden und der nun abgeschlossenen Lern- und Veränderungsphase geht es nun an die Fertigkeit im Arbeitsfeld. Wenn der Coaching-Kunde will, kann per Telefon oder bei einem ohnehin erfolgenden Treffen ein kurzes Gespräch über die Anwendung geführt werden. Ein gemeinsames Teilen der Erfolge, möglicher Schwierigkeiten usw. kann nochmals Impuls für die weitere selbstständige Arbeit des Coaching-Kunden sein.

Diese Art des Kontaktes soll nicht gleich wieder zu Coaching oder einem „ad-hoc-Beratungsgespräch" werden, sondern eine freiwillige Erfolgs-Mitteilung! Dieses mögliche Gespräch sollte erst in einem Mindestabstand von 3 Monaten stattfinden. Nach einer Zeit des Abstands ist ein weiteres Coaching nicht ausgeschlossen, jedoch sollten aus meiner Erfahrung mindestens 6, besser 12 Monate verstreichen, um nicht eine subtile Form der „psychischen Abhängigkeit" zu schaffen.

2.4 Emotionale Aspekte und Ganzheitlichkeit im Coaching

Coaching ist als Haltung und Methode eine Verbindung der Sachaufgaben mit der persönlichen Seite. Weiters vollzieht sich in der Arbeit ein Zusammenhang von sachlichen, rollen-bezogenen oder thematischen mit den sozialen, emotionalen oder beziehungsmäßigen Aspekten. Wenn die Verbindung mit sinnorientierten und kulturellen Aspekten hergestellt wird, reden wir von Ganzheitlichkeit im Coaching.

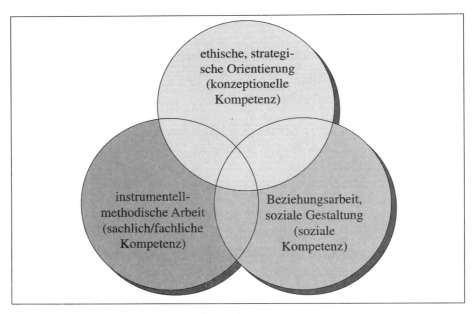

Abbildung 4: Ganzheitliches Coaching

Formulierungen wie Persönlichkeits-Coaching, Fach-Coaching oder Medien-Coaching sowie auch Self-Coaching geben einerseits nur Teilbereiche des Coaching wieder – was wiederum ein Widerspruch zum Thema ist – und sind weiters „neuer Wein in alten Schläuchen", die besser Lebens- und Sozialberatung oder Fachberatung bzw. on-the-job-Training wie auch Supervision oder Selbstmanagement-(Methoden) heißen könnten.

Heutzutage ist eine Unterscheidung zwischen den „anglikanisch-amerikanischen" Ausprägungen im Coaching und dem europäischen Ansatz angebracht. Sind die anglikanischen Ansätze mehr den arbeitsmethodischen und fachlichen Instrumenten verbunden, so wird besonders im (mittel)europäischen Ansatz die psychologische Seite in Verbindung mit dem fachlichen Teil betont und genutzt.

Die Berücksichtigung emotionaler und beziehungsmäßiger Elemente im Coaching orientiert sich daher an diesem (mittel)europäischen Ansatz. Reine Methodenorientierung und lediglich instrumenteller Einsatz der im Folgenden aufgezeichneten Hilfsmittel und Unterlagen für Coaching-Gespräche sind weder sinnvoll noch praktisch wirksam. Der Coach ist gut beraten, seine eigene emotionale Seite in der Beziehung zum Coaching-Kunden wahrzunehmen, die Beziehung als eigenes Phänomen für den guten und wirksamen Methodeneinsatz zu berücksichtigen und weiters die emotionalen Anteile des Kunden im Thema, Problem oder in der Vorgehensweise mit aufzugreifen und möglichst mitzubearbeiten.

Ein ethischer Codex der Coaches*), der heute vielfach genutzt wird, zeichnet auch professionelle und hochstehende qualitative Arbeit des Anwenders aus. Jede Methode hat ihre emotionalen, ethisch-philosophischen und strategischen Seiten. Die Anwendung der Instrumente und Methoden soll sich an den Voraussetzungen, dem emotionalen Gespür des Nutzers und der Feinfühligkeit gegenüber Coaching-Kunde, Situation und Umfeld orientieren.

2.5 Voraussetzungen für einen professionellen Coach

Coaching hat sich in den vergangenen zehn Jahren zu einer eigenständigen psychosozialen und arbeitsbezogenen Aktivität etabliert. Waren es früher Psychotherapeuten oder Unternehmensberater, die aufgrund bestimmter Hintergründe ihrer gelernten Profession andere Leute mit ihren Fragen, Problemen oder Entwicklungswünschen unterstützt haben, so reichen die sachlichen bzw. psychologischen „Einseitigkeiten" für Coaching heute nicht mehr aus. Ein fundiert arbeitender und persönlich sattelfester wie wirksamer Coach braucht heute mehrere Kompetenzfelder, um erfolgreiche Arbeit leisten zu können.

---

*) Ethik-Codex des „Coaching-Roundtable", einem Kreis von Coaching-Aus- und Weiterbildungsinstituten in Österreich

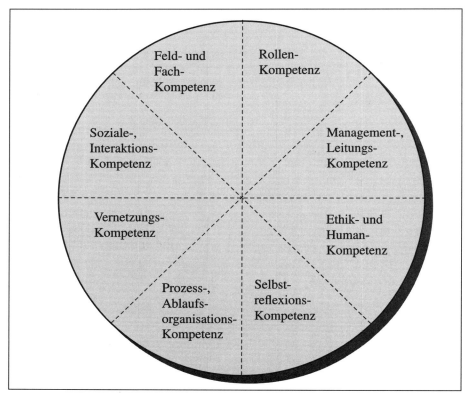

Abbildung 5: Kompetenzfelder

a) Feld- und Fachkompetenz

Schon bei der ersten Coaching-Erhebung *(siehe „Coaching-Praxis, S.31)* zeigte sich, dass Coaching-Kunden und potenzielle Klienten/innen sich vom Coach grundsätzlich Fachkenntnis in ihrem Sektor erwarten. Aus meiner Erfahrung und aus Rückmeldungen ist eine Grundkenntnis – bspw. in Organisation, in Marketing oder in Controlling – Voraussetzung, um Fragen, Probleme und Themen des Kunden verstehen zu können. Bei Unkenntnis besteht die Gefahr des sich Zurückziehens auf den „psychologischen" Teil des Gespräches.

Kernfragen:

- Kenne ich mich im Metier des Kunden so weit aus, dass ich grundsätzlich fachlich mitreden kann?
- Bin ich als Coach in der Lage, Themen- und Fragestellungen des Kunden in seinem Arbeitsbereich zu verstehen?

b) Rollen-Kompetenz

Der Coach sollte in mehreren beruflichen Rollen sattelfest sein, um die Bandbreite der Coaching-Arbeit wirklich nutzen zu können. In den meisten Fällen kommen Coaches aus ein oder mehreren Berufsfeldern wie Supervisor/in, Berater/in, Trainer/in u. ä. Weitere professionelle Rollen zu beherrschen ist von großem Vorteil *(siehe auch Coaching-Praxis, S.34)*

Kernfragen:

- In wie vielen Rollen kann ich gut und flexibel mit entsprechendem Methodik- und Inhaltshintergrund arbeiten?
- Welche Rollen kann ich aus ethischen, professionellen oder rechtlichen Gründen nicht einbringen?

c) Management- und Leitungs-Kompetenz

Der Coach ist keine Führungskraft; er soll jedoch Fähigkeiten und Fertigkeiten zur Leitung des Gesprächs und zum Gestalten des gesamten Coaching-Prozesses besitzen. Dazu zählen Themen wie Initiative ergreifen, aber nicht vorgreifen, Stundengestaltung vornehmen, ohne jedoch zwanghafte oder fixe Strukturen aufzubauen, den gesamten Prozess für das Coaching überblicken und sich daran orientieren können, ohne dabei Ergänzungen, Zwischenschritte oder Abweichungen zu negieren u. ä. m.

Kernfragen:

- Welche Erfahrungen habe ich mit Führung, Gesprächsleitung, Gestaltung von Gesprächen?
- Welche organisatorischen, strukturellen und managementmäßigen Fähigkeiten und Fertigkeiten bringe ich mit?

d) Ethik- und Human-Kompetenz

Der Coach braucht eine klare ethische Orientierung („Credo") für sein Handeln gegenüber und mit den Kunden. Die Menschen, mit denen er arbeitet, zu mögen, ohne mit ihnen intim zu werden oder sich in menschliche Abhängigkeiten zu begeben. Eine offene, partnerschaftliche und entwicklungsorientierte, auch konfrontierende, fordernde Haltung sind für eine professionelle Arbeit wesentliche Kriterien.

Kernfragen:

- Was ist mein Credo bzw. sind meine zentralen ethischen Punkte in der Arbeit mit Kunden?

- Wie stehe ich (innerlich ehrlich) zu meinem Coaching-Kunden?

e) Selbstreflexions- und Weiterentwicklungs-Kompetenz

Ein Coach sorgt für sich selbst, indem er eigene Supervisions- oder Coaching-Reflexionen mit einer Fachperson vornimmt oder indem er auch Abläufe, Aktivitäten und Coachings für sich selbst hinterfragt, überprüft und aus anderer Warte nochmals betrachtet. Das Freisein, sich zu ändern, neue Verhaltensweisen einzubringen, Neues auch Inhaltliches zu lernen und dieses zu nutzen, gehören zum Repertoire eines guten Coach.

Kernfragen:

- Wie bearbeite ich eigene Unsicherheiten, aufkeimende Fragen, Unklarheiten oder innere Empfindungen und Gefühle, die im Coaching entstehen?
- Welche Gesprächspartner/Coaches/Supervisoren habe ich für meine Reflexionen und Weiterentwicklungen?

f) Prozess- und Ablauforganisations-Kompetenz

Das Denken in Abläufen bzw. prozessualen Zusammenhängen gehört zu einer weiteren Kernaufgabe eines guten Coach. Damit sind die Planung und Abstimmung der Ziele und Themen im Gesamtzusammenhang über den Coaching-Zeitverlauf gemeint, auch die Zusammenhänge zwischen Themen von Einzelstunden wie im Gesamten.

Kernfragen:

- Welche systemischen Kenntnisse, Fertigkeiten in Zusammenhängen zu denken und zu handeln bringe ich ein?
- Welche Fähigkeiten und Fertigkeiten zu einer längerfristigen Planung von Themen und deren Zusammenhang besitze ich?

g) Vernetzungs-Kompetenz

Ein Coach braucht Blickwinkel nicht nur für die Einzelperson, sondern für die Beziehungen, die den Kunden umgeben, weiters für die sozialen Strukturen direkt und indirekt um ihn herum und auch die organisatorischen Aspekte wie Kultur, Zuständigkeit, Einflüsse, Branche/Markt und Arbeitssituation. Bei seiner Arbeit hat er in diesem Netzwerk zu denken und zu handeln. Das schließt auch thematische Vernetzungen und Zusammenhänge ein.

Kernfragen:

❏ Welche Sphären im und um den Klienten herum beziehe ich in meine Coaching-Arbeit mit ein?

❏ Wie ermittle ich die Gesamtsituation in und um den Klienten in Bezug auf das Coaching-Thema?

h) Soziale und Interaktions-Kompetenz

Professionelle Nutzung aller Kommunikationswerkzeuge, eine persönlich gute bis ausgezeichnete Kommunikationsfähigkeit und Fertigkeiten in der Interaktion zwischen Menschen, sei es im dualen/bilateralen oder mehrdimensionalen/multilateralem Zusammenhang.

Kernfragen:

❏ Welche kommunikativen Fähigkeiten und Fertigkeiten bringe ich für meine Coaching-Arbeit mit? (Wie habe ich diese gelernt?)

❏ Mag ich Menschen und bin ich gesprächsbereit, ohne einsilbig zu sein oder als Dauerredner den Kunden „zuzudecken"?

Veränderungsprozesse in Organisationen, Teams und bei einzelnen Menschen sind heute vielfach an der Tagesordnung. Oft wird zu Recht, aber auch mit oberflächlicher Gangart der Begriff Coaching dafür gebraucht. *Abbildung 6* zeigt anhand der Sphären von Veränderungsprozessen nicht nur die dafür geeigneten Begriffe auf, sondern will auch Anregung geben für eine Klärung des Themas und der Grenzen, die von Kunden in einem Vorgespräch ins Treffen geführt werden können oder die nachzufragen, es sich sehr lohnt. Sollte dies nicht geklärt werden, kann dies im einfachsten Fall zu Missverständnissen und in einer schwierigen Situation zum Abbruch und zur Ablehnung der Arbeit führen.

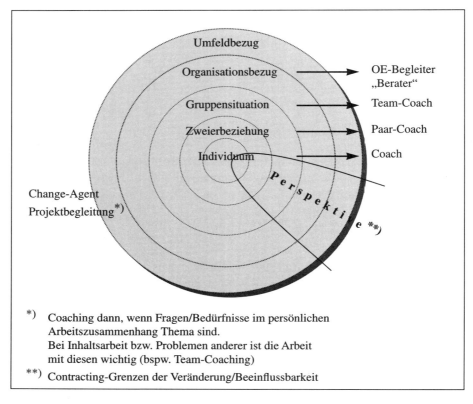

Abbildung 6: Begleiten von Veränderungsprozessen

2.6 Ethik im Coaching

Coaching wird heute als Sinnbegriff für vielerlei Gesprächs-, Veränderungs- und Leistungsverbesserungs-Arbeit verwendet. Da es sich auch bei fachlicher Arbeit immer um eine sehr menschliche und beziehungsorientierte Arbeit handelt, kommt dem ethisch-moralischen Handeln eine zunehmende Bedeutung zu. Wir haben nicht nur im Zusammenhang mit Coaching-Ausbildungen und Coaching-Einzelarbeiten, sondern auch in Gesprächen mit Kollegen des Coaching-Roundtable in Wien oftmals dieses Thema als eine zentrale Frage profunder und professioneller Haltung von Coaches vermerkt.

Was sind nun wichtige Ethik-Aspekte im Coaching?[1]

- Sinn und Zweck des Coaching sind die Bedürfnisse des Kunden (Gecoachten).

- Coaching beruht auf Freiwilligkeit und Freiheit den Coach zu wählen.

- Coaching ist eine Arbeitsbeziehung auf Zeit und keine Dauerregelung.

- Die Coaching-Beziehung ist auf Vertrauen aufgebaut und nicht auf Abhängigkeit oder Druck.

- Zwischen den Coaching-Partnern besteht eine klare Beziehungsgestalt und beiderseitiges Bewusstsein der Rollen und keine Vermengung oder mehrfache, sich widersprechende Rollenbeziehungen.

- Der Gecoachte ist für sich, sein Lernen und sein Handeln selbst verantwortlich, der Coach trifft keine Entscheidungen für ihn.

- Der Coach informiert seinen Coaching-Kunden über Philosophie, theoretischen Hintergrund, Qualifikationen bzw. einzusetzende Methoden.

- Der Coach beachtet und hält sich an vereinbarte Rahmenbedingungen des Coaching; er lässt sich jedoch nicht auf für den Kunden wie für ihn unzumutbare ethischen Grundsätzen widersprechende Vorgaben ein.

- Der Coach hält Informationen aus dem Coaching zurück, da sie vertraulich sind und gibt gegenüber keiner dritten Person oder Medien diese Informationen bekannt. Das Stillschweigen gilt auch für die Zeit nach dem Coaching (Ausnahmen davon müssen klar geregelt sein und bedürfen beidseitiger Zustimmung).

- Der Coach initiiert einen klaren Vertrag, in dem Honorare, Spesen, Zeitsituation, Abschluss bzw. Ausstieg, Evaluation und Verantwortlichkeiten im Vorhinein geregelt werden.

---

[1] Diese Ethik-Aspekte sind teilweise in Anlehnung an den „Code of Ethics and Practice" der British Association of Counselling, 1988, zusammengestellt.

3. Methoden

Instrumente, Visualisierungen

1 Thema	**Arbeitsstil – erkennen und verbessern**
Voraussetzung für den Coach	Grundkenntnisse in Arbeitsmethodik Gute analytische Fähigkeiten
Ziele	• Ermitteln des Stils im Arbeitsalltag • Ermitteln der Stärken und Schwächen im Arbeitsstil • Ansatzpunkte für Arbeitsstil-Verbesserungen erkennen
Ausgangssituation	Der Gecoachte berichtet von Situationen aus dem Arbeitsalltag, wo er oft zu wenig Zeit für wichtige Erledigungen hat oder mit seinen Arbeitstätigkeiten nicht zurecht kommt. In der Frage oder Situationsbeschreibung des Kunden taucht die eigene Arbeitsorganisation als wiederkehrendes Problemfeld auf.
Indikatoren	– Sprunghaftes, spontanes Agieren – Schwierigkeiten mit seinem Arbeitsalltag zurechtzukommen – Festgefahren in seiner Art mit den Alltagsaufgaben umzugehen
Vorgehen	Geschätzter Zeitaufwand ca. 30–50 Minuten 1. Nach der Beschreibung der Kundensituation Angebot zur Arbeitsstil-Analyse 2. Einen typischen Arbeitstag hernehmen und wie einen inneren Film ablaufen lassen (Wie gehe ich um mit Arbeiten am Schreibtisch, Behandeln von Informationen, Post, Absolvieren von Entscheidungen, Besuchen, Gesprächen, Besprechungen usw., Bearbeiten von Problemen und Schwierigkeiten, anstehende Arbeiten machen, Umgang mit Unvorhergesehenem) 3. Spontane Selbst-Einschätzung mit dem Instrument Arbeitsstil – Selbstbild *(siehe Abbildung 7)*; der Innenpunkt definiert 0, der Außenpunkt 50, die gesamte Polaritätsdimension ist daher 100 %, je Dimension sind 50 % für beide Rollen zu vergeben, je nach erlebten Schwerpunkten! Bei der Selbsteinschätzung ist das Musterbeispiel mit den Begriffsbeschreibungen zu den Rollen vorher durchzulesen *(siehe Beispiel 1)*. Anschließend ist eine möglichst spontane Zuordnung auf den Achsen wichtig. Der Gecoachte sollte auf das Verhältnis der Pole achten und bspw. seine durchschnittliche Verteilung zwischen den polaren Rollen angeben. Da die Rollen einander ausschließen, können nur 50 % für beide Rollen vermerkt werden. Dieses Vorgehen gilt für jede Achse. Bei den Begriffsbeschreibungen ist jeweils die übertriebene, destruktive Seite in Klammer gesetzt mit einigen wörtlichen Hinweisen erwähnt. Die äußerste Kreiszone markiert diese übertriebene Seite der Rolle.

	4. Auswerten und besprechen der Grafik: Was ist die stärkste bzw. schwächste Seite? Wie ausgewogen oder schlagseitig sind die Dimensionen? Im Detail: Was wirkt hier besonders durch? oder Was ist zu viel/zu wenig aus Ihrer Sicht? 5. Herausarbeiten von Verbesserungen
Alternative	Einbeziehen von Mitarbeitern des Gecoachten, der die Personen selbst einlädt, ihn in seinem Arbeitsstil einzuschätzen. Im Anschluss Vergleich (möglichst mit dem Coach) zwischen Fremd- und Selbsteinschätzung mit ähnlichen Auswertungsmöglichkeiten wie die oben genannten. Eine Einschätzung durch den Coach ist nicht zielführend; ein ev. Feedback anhand der Besprechung der Punkte zu Gesagtem bzw. Erlebtem vorteilhaft.
Autor	Werner Vogelauer

Beispiel 1: Begriffsbeschreibungen zu Arbeitsstil

Initiator

Geht Dinge aktiv an, entscheidet selbst, wie das Anstehende zu erledigen ist, fühlt sich selbstständig, setzt Wege und Maßstäbe, nimmt Möglichkeiten wahr
(Diktator): handelt egoistisch, geht über andere hinweg, diktiert

Einfügsamer

Wartet ab, fügt sich in bestehende Strukturen/Vorgaben ein, ist reaktiv, agiert auf Anfrage, passt sich an, lässt Entscheidungen anderen über
(Passiver): Kann sich überanpassen, abhängig sein, bewegt nichts selbst, fühlt sich fremdbestimmt

Visionär

Schaut auf das, was kommen kann und wird, orientiert sich an Zielen und zukünftigen Möglichkeiten, hat den Blick auf das Morgen gerichtet, ist bereit für Neues
(Utopist): Schwelgt nur in Zukünften und was sein könnte im Morgen, beschäftigt sich ausschließlich mit Neuerungen

Bewahrer

Stützt sich auf erreichte Ergebnisse, ist auf Geschehenes orientiert, blickt gerne zurück, nimmt Bisheriges als Maßstab, möchte das Geschaffene bewahren, erhalten
(Traditionalist): Sieht nur Vergangenheit, möchte bewahren, nicht ändern, Normen, Vorschriften als Maß

Spontaner

Geht mit der Situation mit, ist kreativ und flexibel, möchte sich Freiräume schaffen, handelt spontan, emotional
(Chaot): Wirbelt (alles) durcheinander, ufert aus, zeigt sich sprunghaft

Systematiker

Ist auf Ordnung aus, schafft sich Tabellen, Schemata, Checklists zur besseren Arbeit, orientiert sich an Strukturen, baut auf Logik auf, ist genau/exakt
(Perfektionist): Zeigt sich penibel, nur auf Logik gerichtet, übergenaue Pläne, es geht nicht ohne Ordnung

Spezialist

Ist auf Einzelheiten ausgerichtet, nimmt sich viel Zeit bzw. Energie für Beginn oder Abschluss einer Tätigkeit, konkretisiert, sieht Fehler im Detail
(Detaillist): Vertieft sich in Einzelheiten, schleift an Details lange Zeit, Maß zwischen Engagement und Wichtigkeit klafft stark, kommt nicht zum Eigentlichen

Generalist

Überblickt Ganzes (Aufgabe, Zeitraum, Situation …), orientiert sich an Übersichten, Zusammenhängen, sieht große Linie, kann gedanklich Zusammenhänge herstellen
(Abstrakter): Baut komplizierte Gedankengebäude, handelt (zu) abstrakt, verstrickt sich in Konzepten

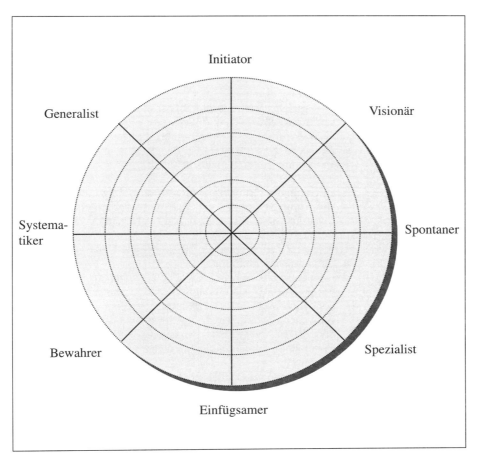

Abbildung 7: Arbeitsstil/Selbsteinschätzung

2 Thema	Abwertungen – erkennen und bearbeiten
Voraussetzung für den Coach	Grundkenntnisse der Transaktionsanalyse Gute Wachsamkeit und Wahrnehmung nonverbaler und verbaler Kommunikation
Ziele	• Erkennen von destruktiven Verhaltensteilen • Bewusstmachen von Blockaden und Verhinderungen für Problemlösung • Ansatzpunkte für (Verhaltens-)Veränderungen finden
Ausgangssituation	Der Gesprächspartner beschreibt bspw. eine Arbeitssituation in verharmlosender Art und Weise, zur Situation selbst („es ist nicht so schlimm …"), zu sich selbst („mir macht das ja doch nicht so viel aus …") oder über den/die Beteiligten („der/die kann mir da eigentlich nichts anhaben …")
Indikatoren	– Abwertung der Situation, von sich selbst bzw. anderen – Abwertung des Reizes, der Bedeutung, der allgemeinen Lösbarkeit bzw. der persönlichen Lösbarkeit der Situation
Vorgehen	Geschätzter Zeitaufwand ca. 20–30 Minuten 1. Situationsbeschreibung 2. Angebot des Coach verschiedene Aussagen des Kunden aus der Situationsbeschreibung (wie bspw. „mir macht das ja doch nicht so viel aus …") näher anzusehen 3. Entweder Darstellen des Modells anhand der *Abbildung 8* oder des *Beispiels 2* bzw. Aussagen wiederholen, die ich als Coach hörte. Notieren der Aussagen und Einordnen in das Modell. 4. Nach vorheriger Darstellung kann ich dem Kunden anbieten, seine eigenen Aussagen von vorhin (entweder er erinnert sich noch, oder ich kann sie für ihn wiederholen) einzuordnen. Eine weitere Variante ist das direkte Nachfragen (bspw. „mir macht das ja doch nicht so viel aus …" – „warum erzählen Sie es mir dann doch?" oder „wie haben Sie sich in der Situation gefühlt?" oder „denken Sie, dass sich die Situation aus Ihrer Sicht von alleine löst?" 5. Herausarbeiten von anderen Möglichkeiten des Umgangs mit der Realität
Autoren	A. & J. Schiff, K. Mellor, E. Sigmund
Weiterführende Literatur	Die Transaktionsanalyse, I. Stewart, V. Joines, Freiburg 1990 Cathexis reader, transactional analysis treatment of psychosis, A & J. Schiff und Mitautoren, New York 1975 Discounting, K. Mellor, E. Sigmund, TAJ, 3/1975, S. 295ff

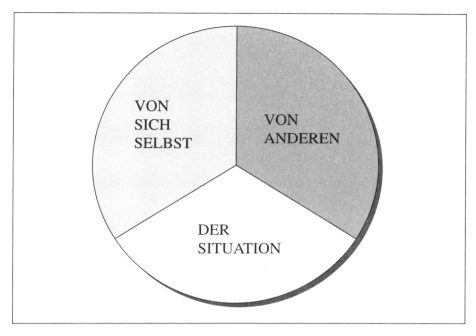

Abbildung 8: Abwertungsmöglichkeiten

Beispiel 2: Abwertungsgrade (in Anlehnung an K. Mellor/E. Sigmund)

...VORHANDENSEIN (Abwertung 4. Grades)
Bsp.: Ich habe nicht gehört, dass mein Partner abgelehnt hat

...BEDEUTUNG (Abwertung 3. Grades)
Bsp.: Ich sehe das nicht als wesentlich an, was X mir da entgegnet hat

...VERÄNDERUNGSMÖGLICHKEIT (Abwertung 2. Grades)
Bsp.: Ich kann dagegen an sich nichts tun, wenn er so handelt

...MEINE FÄHIGKEIT ZUR ÄNDERUNG (Abwertung 1. Grades)
Bsp.: Ich kann aus meiner Haut halt nicht heraus…

3 Thema	**Aktives Zuhören und Reflektieren**
Voraussetzung für den Coach	Grundlegende Kenntnis der Wahrnehmungs- und Kommunikationspsychologie
Ziele	• Dem Gecoachten aufzeigen, was beim Coach angekommen ist • Dem Gecoachten die Möglichkeit geben, „meinen" und „sagen" als gleich oder unterschiedlich zu erleben • Durch reflektierende Information überprüfen, ob der Inhalt passt
Ausgangssituation	In Anfangs- und Einstiegssituationen von Coachings besonders geeignetes Verfahren, um Klarheit und Stimmigkeit der Aussagen für beide Gesprächspartner zu finden.
Indikatoren	– Meinen und sagen differieren – Komplizierte Sprache, lange/verschachtelte Sätze – Tendenz zum Interpretieren durch den Coach
Vorgehen	Geschätzter Zeitaufwand ca. 5–10 Minuten Wenn der Gecoachte Dinge erzählt, besonders bei langen Erzählungen, umfangreichen Sätzen oder dem Gefühl der Unklarheit, was damit gemeint oder gewollt wird, Rückmeldungen an den Kunden geben, was beim Coach angekommen ist. Beim indirektem oder direktem Einsatz der Stufenleiter des aktiven Zuhörens *(siehe Abbildung 9)* ist zu beachten, dass wortgetreues Wiederholen eher selten vorkommt, andererseits das interpretierende Wiederholen – „Sehen von der anderen Seite" – Gefahrenmomente wie bspw. Deutung oder Missinterpretation aufweisen kann. Insgesamt bieten Wiederholungen, passend und nicht dauernd eingesetzt, eine hervorragende Klärungsmöglichkeit. Missdeutungen werden minimiert.
Autoren	Lyman K. Steil
Weiterführende Literatur	Aktives Zuhören, L. K. Steil/J. Summerfield/G. DeMare, Heidelberg 1986

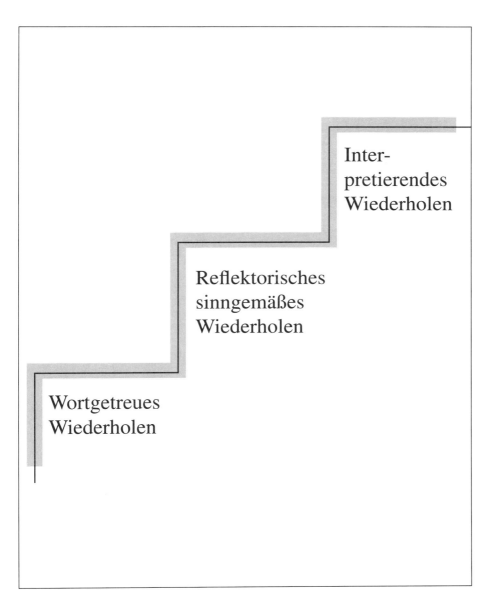

Abbildung 9: Die Stufenleiter des aktiven Zuhörens

4 Thema	**Antreiberverhalten und seine konstruktiven Kerne** (destruktive und konstruktive Seiten)
Voraussetzung für den Coach	Grundkenntnisse der Transaktionsanalyse und besonders des Antreibermodells nach T. Kahler Psychologische Kenntnisse und Erfahrungen mit der Arbeit von persönlichen Normen und Mustern Kenntnis des Umgangs mit inneren Mustern bzw. Drucksituationen von Kunden
Ziele	• Erkennen destruktiver Muster aus der Vergangenheit in gegenwärtigen Arbeitssituationen • Herausarbeiten von Veränderungsmöglichkeiten • Passende konstruktive Seiten ermitteln
Ausgangssituation	Der Coaching-Kunde beschreibt Stress-Situationen und wie er damit umgegangen ist – Handlungen, die für ihn nicht wirklich eine Lösung darstellten. Der Gecoachte beschreibt innere Drucksituationen und schnelle Lösungen, die nicht wirklich funktionierten.
Indikatoren	– Sich verstärkende Stress-Symptome – Innerer Druck – Wiederholte Verhaltensmuster, die „man" so tut (bspw. immer (über)genau sein oder keine Ruhe geben können, immer aktiv sein müssen oder immer zuerst an andere denken, was sie tun, was sie brauchen, was sie nicht tun sollten oder immer in Eile sein, hektisch agieren oder auch gefühllos sein, alles an sich abprallen lassen u. ä. m.)
Vorgehen	Geschätzter Zeitaufwand ca. 30–50 Minuten 1. Situationsbeschreibung durch den Kunden 2. Nachfragen zur Klärung *(siehe Beispiel 3)* 3. Vergleichen mit ähnlichen Situationen aus der jüngeren Vergangenheit 4. Hypothese; Muster oder Antreibermodell darlegen bzw. vorstellen a) Antreibermodell darstellen *(Abbildung 10)*, den destruktiven Anteil zuerst und vergleichen mit geschilderten Verhaltensmustern. Was sieht der Kunde / sagt der Kunde dazu? Was nimmt er als Haupt-Antreiber (inneres Druckmittel) wahr? b) Hypothese des Coach: Anhand ihrer Beschreibung *(siehe ev. Beispiel 3)* vermute ich bspw., dass Sie sich besonders durch Perfektionierung unter Druck setzen. Was sagen Sie dazu? Wie sehen Sie meine „Hypothese"? Herauslösen des/der typischen Muster, die der Kunde zeigt bzw. in seiner Schilderung (mehrfach) beschreibt.

	Bspw. „Ich höre nun zum x-ten Mal, dass Sie immer in Eile sind. Ist das typisch für Sie? Wann tritt das besonders stark auf?" 5. Überprüfen, ob Hypothese(n) zutreffen bzw. warum sie nicht zutreffen. 6. Wenn der Kunde die Hypothese bzw. das Muster bestätigt oder einen Antreiber aus dem Modell herauslöst, der für ihn immer wieder auftritt, diesen Hauptantreiber fokussieren (nicht alle Antreiber) und die konstruktive Seite vorstellen *(siehe ev. Beispiel 3)*. Herausarbeiten der „inneren Erlaubnisse" durch den Kunden („ich darf …") und wie sie für ihn stimmig sind und gefühlsmäßig passen. 7. Der Kunde formuliert dazu fünf konkrete alltägliche Maßnahmen zur Verbesserung 8. Check dieser Maßnahmen beim nächsten Coaching-Gespräch und bestätigen bzw. ergänzende Weiterarbeit.
Autoren	Taibi Kahler (Antreiber) und Werner Vogelauer (konstruktive Kerne)
Weiterführende Literatur	Die Transaktionsanalyse, I. Stewart/V. Joines, Freiburg 1990 Handwörterbuch der Transaktionsanalyse, Leonhard Schlegel, Freiburg 1993 Der Mensch im Spannungsfeld seiner Organisation, U. & H. Hagehülsmann, Paderborn 1998

Beispiel 3: Antreiber – Erlauber – Anwendungsmöglichkeiten

Antreiber *)	Konstruktiver Kern	Erlaubnisse **) („ich darf…")	Kleine Aktivitäten zur Anwendung im Alltag
Sei perfekt	Zielgenau, exakt	„abschließen, zu Ende kommen, einen Punkt machen"	bestimmte Arbeiten und ihr Ende zeitlich festhalten, inhaltlich konkretisieren, konkrete Zielformulierung für Alltagsdinge usw.
Streng dich an	aktiv sein, tun	… genug sein lassen, … Ruhe/Pause nehmen	Reservezeiten zur ursprüngl. geschätzten Zeit hinzufügen, Günstige Zeit, wo man Ruhe bzw. Kraft hat usw.
Sei schnell	zeitbewusst, zeitsensibel sein	… mir Zeit nehmen	Durchatmen beim Tun, eins nach dem anderen vorher überlegen, priorisieren, Entscheidung über das Wichtigste treffen (max. 1–3) usw.
Mach's anderen recht	empathisch, eingehend sein	auf meine Bedürfnisse achten, auf die Beziehungsbalance schauen	Zuhören und mit gedanklicher Pause reagieren, in sich hineinhören, was ich brauche, beidseitiger Erfolg ist … usw.
Sei stark	situationssensibel, situativ zurückhaltend sein	… meine Gefühle wahrnehmen meine Empfindungen ausdrücken	In sich hineinhören, innere Gefühle/Empfindungen wahrnehmen, Empfindungen ausdrücken, wie bspw. „ich spüre einen Knödel im Hals" oder „ich merke Ärger aufsteigen" … usw

*) Dieses Konzept stammt aus der Transaktionsanalyse. Taibi Kahler fand diese fünf „Möglichkeiten vom Regen in die Traufe" zu kommen als eigentliche Überlebensmuster, die uns in der Kindheit mitgegeben wurden, um destruktiven Einschärfungen, wie bspw. „sei nicht wichtig" oder „denke nicht", zu begegnen und damit psychisch überleben zu können. Die destruktive Formel lautet „Ich bin nur dann o.k., wenn ich immer … (perfekt bin)" usw. Diese Muster stellen sich als Stressbewältigungsmuster dar, d. h. unter Stressbedingungen werden diese oft automatisch angewendet, um in der Situation zu bestehen. Oft genug passiert es jedoch, dass diese Rechnung nicht aufgeht. Zum Beispiel „obwohl ich so genau aufpasste, hat sich trotzdem ein Fehler eingeschlichen" usw.

**) Die Erlaubnisse sind innere Erlaubnisse, die einerseits mit „Ich darf …" beginnen und andererseits eine positive Formulierung enthalten. Diese Affirmation sollte auch Inhalte umfassen, die machbar sind, und nicht wie bspw. für einen Perfektionisten „Ich darf auch Fehler machen". Das wäre eine rein theoretische Formel, die emotional nicht erfüllt wird. Besser „Ich darf es genug sein lassen" oder „Ich darf abschließen" u. ä. m..

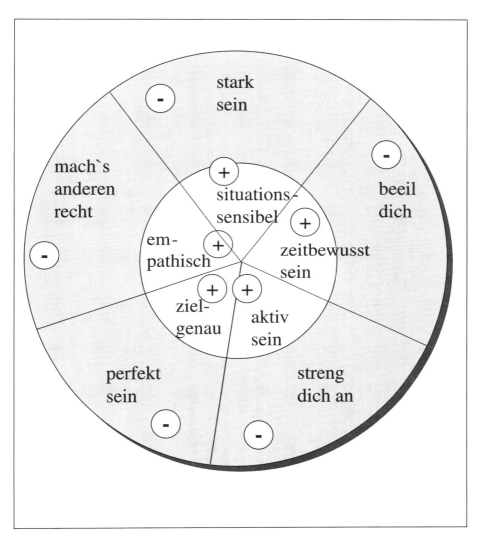

Abbildung 10: Destruktive Antreiberverhaltensweisen und konstruktive Kerne

5 Thema	**Biographische Lebenslinie**
Voraussetzung für den Coach	Kenntnis der biographischen Lebensphasen nach B. Lievegoed und Hans von Sassen
Ziele	• Erkennen von Zusammenhängen zwischen Vergangenheit und Gegenwart • Standortbestimmung im eigenen Lebenslauf • Verstehen eigener Geschichte • Der automatischen Fortschreibung entgehen und im Gesamtzusammenhang neue Wege gehen und Entscheidungen treffen
Ausgangssituation	Der Kunde will seinen Werdegang betrachten, oder es zeigen sich im(in) Vorgespräch(en) Einflusselemente aus seiner Vergangenheit/Geschichte. Ein weiterer Ausgangspunkt könnte der Wunsch des Kunden sein, seine Gegenwart zu betrachten und immer wieder auf Vergangenes dabei zu sprechen kommen.
Indikatoren	– Bestimmte markante Lebensalter (bspw. „midlife-Krise um 40", Alter um die Lebens-Jahrsiebente) – Lebensrückschau halten wollen – Interesse an seinem Lebensverlauf, besonders an der Zukunft und was aus der Vergangenheit dazu da ist – Hin- und Her-Gerissenheit in seinen Handlungen
Vorgehen	Geschätzter Zeitaufwand ca. 40–120 Minuten Der Coaching-Kunde zeichnet aus seiner Wahrnehmung eine Linie von Geburt bis heute. Die Grafik kennt als Waagrechte die Jahre und in der Senkrechten die innere Zufriedenheit/Erfolgsvorstellung. Anschließend kann der Kunde verschiedene „Wendepunkte"/Kernpunkte in seiner Geschichte markieren. Ein weiterer Aufgabenbereich könnte die Beschreibung der Phasen zwischen den einzelnen Wendepunkten in eigenen Worten sein (Stichworte – *siehe Abbildung 12*). In *Abbildung 11* sind Wendepunkte mit Pfeilen markiert, die Formulierungen zwischen den senkrechten punktierten Linien stellen zentrale Aspekte der Phasen zwischen den Wendepunkten dar. Diese spezifische Situationsbeschreibung ist Startpunkt für das Herausarbeiten markanter passender Aktivitäten für die nähere Zukunft.
Autor	B. Lievegoed/Hans von Sassen
Weiterführende Literatur	Lebenskrisen – Lebenschancen, B. Lievegoed, München 1979

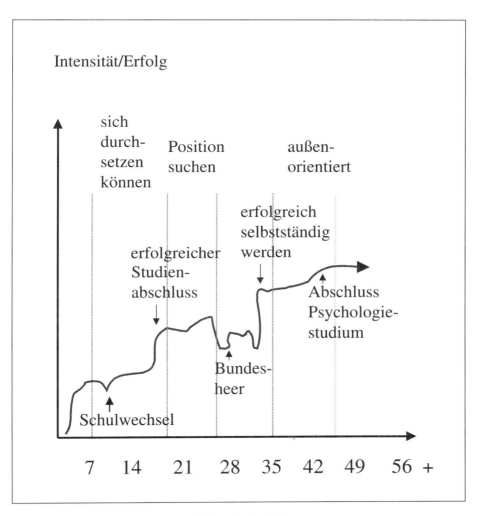

Abbildung 11: Meine Lebenslinie (Beispiel)

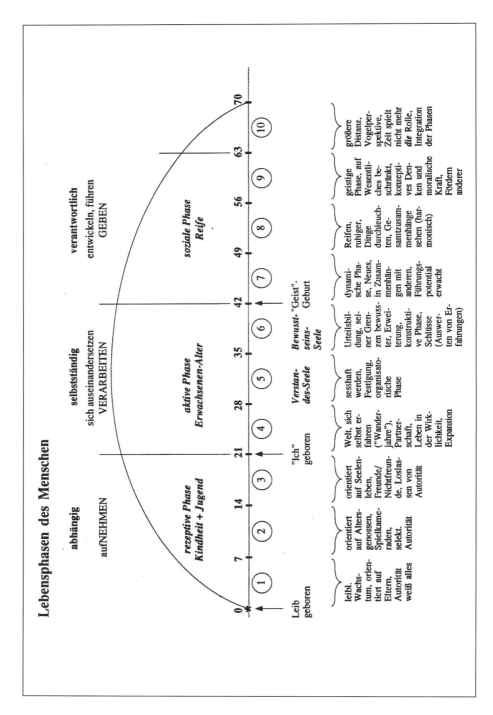

Abbildung 12: Biografische Lebensphasen (nach Hans v. Sassen)

6 Thema	**Beziehungsstruktur(en) – Transaktionsanalytische Muster**
Voraussetzungen für den Coach	Transaktionsanalytische Grundkenntnisse, im besonderen Transaktionen nach Eric Berne Erfahrungen mit den Modellen „Ich-Zustand" und „Transaktionen"
Ziele	• Erkennen der Wirkungen bestimmter Aussagen von sich bzw. anderen • Erkennen und verändern können von Verhaltensweisen im Gespräch • Herausarbeiten von Alternativen für zukünftige Gespräche
Ausgangssituation	Der Gecoachte berichtet über schwierige Gespräche, Probleme in Gesprächsbeziehungen oder formuliert Aussagen und wundert sich, warum diese so anders aufgenommen werden, als er erwartete
Indikatoren	– Spannungen in Gesprächsbeziehungen – Unterschiede zwischen Reaktion und erwarteter Reaktion des Gesprächspartners
Vorgehen	Geschätzter Zeitaufwand ca. 20–40 Minuten 1. Angebot an den Coaching-Kunden, das genannte Gespräch in seinen Teilen genauer anzuschauen 2. Darstellung der beiden Gesprächspartner in ihren Ich-Zuständen *(siehe Abbildung 13)* und ihren Transaktionen sowie – je nach Vorkenntnis des Gecoachten – kurze Erläuterung des Modells „Transaktionen" 3. Gemeinsam mit dem Gecoachten zuordnen der Aussagen zu den jeweiligen Ich-Zuständen bzw. Transaktionen 4. Diagnose des Gecoachten – Was nehme ich wahr? Was fällt auf? Ist das die gewünschte Kommunikation? Gibt es Veränderungswünsche? Welche Optionen stehen zur Verfügung? Meist wird es sich in den Fällen um gekreuzte oder verdeckte Transaktionen handeln, da parallele Gesprächsbeziehungen meist „angenehme" Kommunikation darstellt, die solange geht, bis das Thema oder die Information erfüllt ist. Gekreuzte Transaktion ist durch Vorwurf, Bewertung, Kritik, Vorschriften charakterisiert. Eine positive Gesprächsentwicklung erfolgt durch bewusste Veränderung des Ich-Zustandes und Einladen der anderen Person, eine andere Reaktion auf das neue Verhalten zu zeigen. Dies gilt auch für verdeckte Gesprächsbeziehungen. Hier kann das Nachfragen nach dem konkreten Wunsch, der Frage oder das Aussprechen von möglichen (vermuteten) verdeckten Inhalten eine Klärung bringen, die zu direkter Kommunikation und damit zu einer Verbesserung der Gesprächsbeziehung beitragen.

	5. Ev. Rollengespräch in den verschiedensten alternativen Formen mit dem „fiktiven Gesprächspartner" und Ausprobieren der neuen Verhaltens- und Kommunikationsmuster. Dies dient zur emotionalen Abklärung, zur inneren Sicherheit des Gesagten bzw. zum Überprüfen der Vorgehensweise, des Inhalts und der Art und Weise der Aussagen für den Gecoachten.
Autor	Eric Berne
Weiterführende Literatur	Die Transaktionsanalyse, I. Stewart/V. Joines, Freiburg 1990

Anhand folgender Beispiele soll kurz jeweils eines von mehreren möglichen Mustern dieser Transaktionen beschrieben werden.

parallele Transaktionen

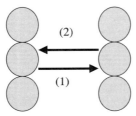

(1) Was fällt Ihnen auf, wenn ich das so erzähle?

(2) Mir fällt auf, das Sie mehrere Fragen nacheinander gestellt haben, ohne eine Antwort abzuwarten (Beschreibung).

gekreuzte Transaktionen

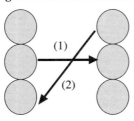

(1) Was fällt Ihnen auf, wenn ich das so erzähle?

(2) So können Sie gar nicht vorgehen, wie Sie das getan haben! (Vorwurf)

verdeckte Transaktionen

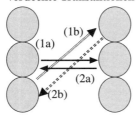

(1) Was meinen **Sie** dazu, wenn ich das so erzähle?

(2) Das tut nichts zur Sache. Ich sage Ihnen, machen Sie das wie wir es letztes Mal besprochen haben!

Abbildung 13: Transaktions-Muster

7 Thema	**Bilanzblatt**
Voraussetzung für den Coach	Arbeitsmethodische Grundkenntnisse Beherrschen von Fragetechnik und Konfrontationstechnik Systemische Grundkenntnisse
Ziele	• Klären der beschriebenen Situation bei komplexen Problemstellungen • Bewerten verschiedener Strategien und Vorgehensweisen
Ausgangssituation	Der Gecoachte beschreibt eine Problemsituation, die vielleicht auch schon einige Zeit andauert und nicht gelöst ist. Er weiß vielleicht um die Zielrichtung, ist sich jedoch unsicher bzw. findet sehr viele Einflussmöglichkeiten.
Indikatoren	– Komplexe Problemlage – Unklarheit des Gecoachten, was zu tun ist – Unübersichtlichkeit und Durcheinander von Gedanken, Gefühlen und Handlungen
Vorgehen	Geschätzter Zeitaufwand ca. 15–30 Minuten 1. Nach der Beschreibung der Kunden-Situation efolgt das Durchgehen des Bilanzblattes *(siehe Beispiel 4)* 2. Gegenüberstellen der Vor- und Nachteile für den Kunden bzw. für die Betroffenen. Nach Auflisten aller Vor- und Nachteile ist die Frage an den Coaching-Kunden, ob all diese Notizen innerlich annehmbar sind oder nicht? Im negativen Falle sind diese nicht annehmbaren Aspekte näher zu beleuchten (Befürchtungen, Ängste, Folgewirkungen). 3. Welcher „Saldo" ergibt sich für den Coaching-Kunden? Überwiegen die Vor- oder die Nachteile? Wenn die Entscheidung positiv ausfällt, kann Punkt 4 bearbeitet werden; sollten die Nachteile überwiegen, muss ein anderes Vorgehen überlegt und durchgegangen werden. 4. Ableiten von Maßnahmen zur Problemsituation
Autor	G. Egan
Weiterführende Literatur	Helfen durch Gespräche, G. Egan, Weinheim, 2. Aufl., 1993

Beispiel 4: Bilanzblatt

Bilanzblatt

Situation ....
....
Ziel ....
Vorgehens-Möglichkeit: ....
....
....

Vorteile für mich	Nachteile für mich
Vorteile für Betroffene	**Nachteile für Betroffene**

„Saldo" (Gesamtbewertung der Situation)

8 Thema	**Coach the Coach – Reflexion**
Voraussetzung für den Coach	Offenheit und Flexibilität des Coach zur Situation Feldkompetenz zum Thema Bereitschaft des Kunden seine Coaching-Situation offen zu berichten
Ziele	• eigene Themen, Fragen oder Probleme einbringen und reflektieren • verschiedene Ebenen der Frage- oder Problemstellung klären und trennen können • eigene blinde Flecken hinterfragen und klären
Ausgangssituation	Der Coach hat in seinen Coachings Themen, Fragen oder Probleme bearbeitet, die er für sich selbst noch hinterfragen möchte, die in ihm Spannung erzeugen, die er für sein nächstes Coaching-Gespräch zur Orientierung anschauen/anhören möchte …
Indikatoren	– Innere Spannungsmomente – Unklarheit im (abgelaufenen) Coaching-Prozess – Schwierigkeiten, zum Thema mit dem Gecoachten ein Ergebnis zu erzielen – Unzufriedenheit mit der Situation u. ä. m.
Vorgehen	Geschätzter Zeitaufwand ca. 20–40 Minuten 1. Situationsbeschreibung 2. Klären der Vertragsdimension und Ziele *(siehe Abbildung 14)*. Dabei ist wichtig, ob im geschilderten Fall von einem Beispiel des Kunden 1 mit einer Person seines Umfeldes berichtet wird, womit der Coach (=Kunde 2) Probleme bzw. Spannungen verspürt (Vertragsdimension C), oder ob der Coach (=Kunde 2) Themen ins Coaching einbringt, die seinen Kunden (=Kunde 1) betreffen. Er also Beispielsprobleme seines Kunden bearbeiten will (=Vertragsdimension B). Letztere Situation ist problematisch, ohne die eigenen Coach-Dimensionen (=Kunde 2) miteinzubeziehen. Unmöglich ist eine Arbeit an der Situation des Kunden 1 mit seinen Problempersonen (=Vertragsdimension A). 3. Weiterarbeit ist nur an Vertragsdimension C mit persönlichen Fragen bzw. Problemen des Coach (=Kunde 2) möglich. Nur Anwesende können „Kunden" sein, sonst entsteht ein problematischer „Vertrag zur Veränderung Dritter". 4. Ideen, Wege, Maßnahmen je nach gewählter Methodik erstellen
Autor	Werner Vogelauer

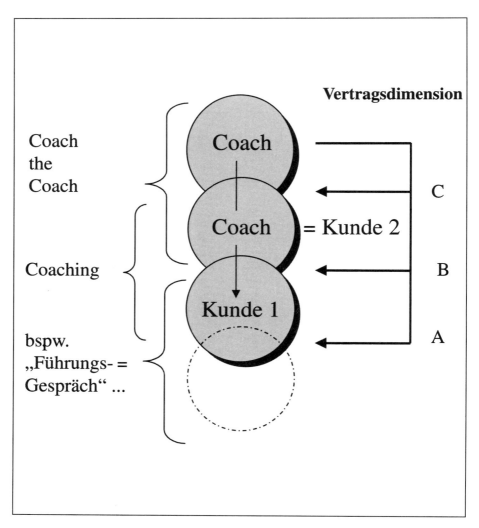

Abbildung 14: Coaching-Ebenen

9 Thema	**Diagnose**
Voraussetzung für den Coach	Flexibilität des Coach im Anwenden der Diagnoseformen in der Situation Erfahrung mit Diagnosekonzepten Fähigkeit der eigenen Distanz zu möglichen Hintergründen
Ziele	• Situation „durchschauen" können, je nach Situation und Bereitschaft des Gecoachten • Der Gecoachte kann Gegenwarts- und Vergangenheitszustand zu seinem Thema bzw. seiner Frage verstehen
Ausgangssituation	Der Gecoachte ist im Unklaren, wie die Situation einzuschätzen ist, um zu einem (besseren) Ergebnis zu kommen. Er kann zu keiner Lösung kommen oder findet keinen Weg aus der Situation. Der Gecoachte kennt keine Diagnose-Instrumente bzw. -methoden, um die Situation mit anderen Augen wahrzunehmen bzw. zu durchschauen.
Indikatoren	– Gecoachter zeigt Unsicherheit bzw. Fixiertheit in der beschriebenen Situation – Durcheinander/Widersprüche in der Einschätzung der Situation
Vorgehen	Geschätzter Zeitaufwand ca. 20–40 Minuten je Thema 1. Einladung an den Gecoachten, die Situation, die er bearbeiten und klären/verbessern möchte, aus seiner Sicht verbal zu beschreiben. 2. Methodischer Einsatz: Nutzen verschiedener Diagnoseinstrumente wie bspw. in *Abbildung 15* genannt. – Fragebogen (passend zum Thema) – Landkarte – Bild zeichnen/malen – „Skulptur" / Beziehungsstellung Im *Beispiel 5* sind jeweils Hinweise zu den angeführten Methoden zu finden. 3. Erkennen von neuen Facetten, Aspekten oder Inhalten in der diagnostizierten Situation (entweder entstehen spontane Reaktionen der Erkenntnis oder der Coach fragt vertiefend nach, setzt ev. eigene Hypothesen oder Wahrnehmungen hinzu)
Autor Weiterführende Literatur	Werner Vogelauer Hypothetisieren – Zirkularität – Neutralität: drei Richtlinien für den Leiter der Sitzung, S. Palazzoli, M., Boscolo, G., Cecchin, G. Prata in: Familiendynamik, Nr. 6/1981, S. 123–139 Der Kaufmann und der Papagei, N. Peseschkian, Frankfurt/Main 1979 Der nackte Kaiser, N. Peseschkian, Augsburg 1997

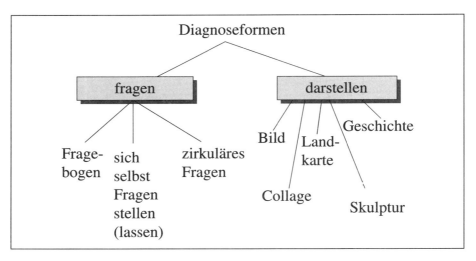

Abbildung 15: Diagnoseformen

Beispiel 5: Beispielssituationen

Zirkuläres Fragen:	Wenn ich Herrn X fragen würde, über seine Wahrnehmungen zu Ihrer Person, was glauben Sie, würde er antworten ..... oder Wenn Sie sich vorstellen, in die Rolle Ihres Mitarbeiters zu schlüpfen; was sagt er zu seinen Kollegen nach diesem Vorfall.... u. ä. m.
Gecoachter fragt sich selbst:	... was wäre Ihre Hauptfrage an sich selbst nach diesem harten Ereignis ... ... wenn Sie an meiner Stelle wären, was würden sie sich als Erstes fragen ... usw.
Bild:	Zeichnen Sie ein Bild zu diesem Ereignis/dieser Situation ... (lassen Sie sich Zeit, lassen Sie all das, was in Erinnerung kommt, ins Bild einfließen; egal, ob es Strichzeichnung, Farbe o. a. ist)
Collage:	Hier haben Sie Zeitungen, Bilder, Überschriften, Witze,Texte ...; Schneiden oder reißen Sie das aus, was Ihnen Sinn macht und zu Ihrer kurz beschriebenen Situation gut passt ... u. ä.
Landkarte:	Nehmen Sie Begriffe, Stichworte, Personen usw. her, die in dieser komplexen Situation vorkommen und Bedeutung haben, und stellen Sie diese wie bei einer Landkarte in Größe (Bedeutung), Abstand (Nähe/Distanz) bzw. mit Linien zueinander (Einflüssen) in Beziehung ...
Geschichte:	Wenn Sie jetzt eine Fabel über Ihre Situation erzählen müssten ... Mir fällt dazu folgendes Märchen ein, wenn Sie das so erzählen ... (Check, ob Kunde sich wiederfindet, ist Voraussetzung für weiteres Vorgehen)

10 Thema	**Vier-Ebenen (zur Wahrnehmung und Intervention)**
Voraussetzung für den Coach	Hintergrundkenntnisse zu Organisation, Methodik und Psychologie
Ziele	• Finden der passenden Lösungsebene, durch Erkennen der Ebene der Problembeschreibung • Klären der zutreffenden Vorgehensweise für die Situation
Ausgangssituation	Der Klient beschreibt eine komplexe Situation, die er verbessern/lösen möchte. In den Aussagen des Klienten sind verschiedene Aspekte der Situation erkennbar, und der Problemkern ist nicht eindeutig auszumachen. Bei näherem Nachfragen stellen sich weitere Aspekte bzw. Hintergründe heraus.
Indikatoren	– Komplexe Situationsbeschreibung – Hin- und Herspringen des Kunden, was er als zentral empfindet
Vorgehen	Geschätzter Zeitaufwand ca. 15–20 Minuten je Thema 1. Situationsbeschreibung des Kunden 2. Nachfragen (mit Hintergrund des Diagnosemusters) *(siehe Abbildung 16)*, wie bspw. – was davon macht Sie betroffen/berührt Sie/erleben Sie als Ihren Teil in der Situation? usw. (intrapsychisch) – was erleben Sie in der Beziehung zu ... als Schwierigkeit? was liegt zwischen ihnen? usw. (interpsychisch) – was ist gelaufen, was Probleme erzeugte? Wie hat sich in der Tätigkeit/Abwicklung/Handhabung/Vorgehensweise das Problem herausgeschält? usw. (arbeits) methodisch – wie sieht die Verbindung des Problems/der Frage zur Struktur, zur (Gesamt)Organisation, zur Zuständigkeit, Verantwortung usw. aus? (Struktur/Organisation) 3. Herausschälen der Hauptebene ev. Nebenebene(n) 4. Spiegeln der Situation (Hypothese zur Problemdefinition) 5. Zustimmung/Akzeptanz bzw. weiteres Nachfragen 6. Beginn der Problemlösungsarbeit
Autor	Werner Vogelauer
Weiterführende Literatur	Coaching-Praxis, Werner Vogelauer, Wien 1998, S. 50

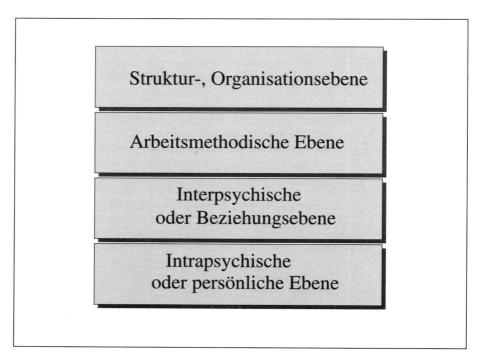

Abbildung 16: Vier Ebenen-Diagnose

11 Thema	**Entscheidungsmethodik – Pro-Contra-Liste**
Voraussetzung für den Coach	Arbeitsmethodische Grundkenntisse Eigene Entscheidungsklarheit und Entscheidungsfähigkeit des Coach
Ziele	• Vor- und Nachteile der zur Entscheidung stehenden Wahlmöglichkeiten ermitteln • Gegenwärtige und zukünftige Wirkungen/Kosten/Aspekte zu den Entscheidungen miteinbeziehen
Ausgangssituation	Der Gecoachte hat zu seinem Problem/seiner Frage einige Möglichkeiten herausgearbeitet bzw. stehen ihm diese zur Verfügung. Er fühlt sich unsicher bezüglich der Entscheidung.
Indikatoren	– Tendenz zur Glorifizierung einzelner Wahlmöglichkeiten – Nur Nachteile der einen bzw. Vorteile der anderen Alternative sehen – Nur momentane Kosten bzw. Aspekte im Augenwinkel des Gecoachten

Vorgehen	Geschätzter Zeitaufwand ca. 15–30 Minuten 1. Herausarbeiten der Alternativen bzw. Sichten und Klären der Möglichkeiten zur Entscheidung 2. Vorstellen des Instrumentes Pro-Contra *(siehe Abbildung 17)* 3. Durchgehen der Vor- und Nachteile bzw. gegenwärtigen und zukünftigen Aspekte der Alternativen 4. Abwägen bzw. vergleichen der Inhalte nach Menge und Bedeutung 5. Entscheidungs(begründung)
Autor	Werner Vogelauer

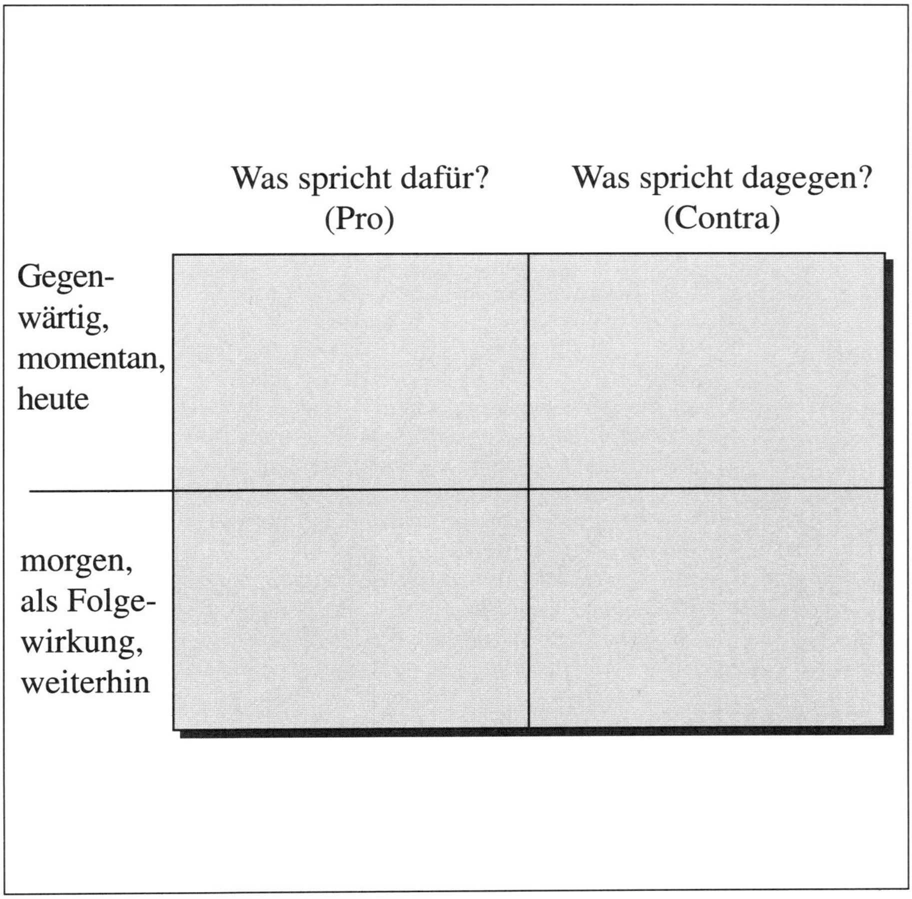

	Was spricht dafür? (Pro)	Was spricht dagegen? (Contra)
Gegen- wärtig, momentan, heute		
morgen, als Folge- wirkung, weiterhin		

Abbildung 17: Entscheidungsmethodik

12 Thema	**Entscheidungsmethodik – Entscheidungsmatrix**
Voraussetzung für den Coach	Arbeitsmethodische Grundkenntnisse Konsequentes logisches Denken Grundkenntnis der Kepner-Tregoe-Entscheidungsmethodik
Ziele	• Die für sich effektivste Alternative finden durch Kriteriendefinition und -bewertung • Ermitteln der persönlich besten Alternative durch strukturiertes Vorgehen anhand der Rahmenbedingungen der Entscheidung • Subjektive Aspekte nachvollziehbar für die Entscheidung aufbereiten (für Erfolgskontrolle nach der Entscheidung)
Ausgangssituation	Der Gecoachte hat mehrere Möglichkeiten zur Auswahl, ist sich jedoch unsicher. Er sucht Hinweise zu einer Entscheidung, zu der er stehen kann und die ihm auch Sicherheit gibt. Er hat zwar grobe Kriterien zur Entscheidungswahl ihm Kopf, es fehlen ihm jedoch das methodische Rüstzeug zur Entscheidung und/oder die Reflexion der im Kopf befindlichen Aspekte bzw. das Hinterfragen seiner Überlegungen.
Indikatoren	– Chaotische Überlegungen bezüglich der Entscheidungsfindung – Fehlende Methodik des Herangehens an die Entscheidung – Unklare Wünsche bzw. Ausschließungsgründe für Alternativen – Sprunghaftes und einseitiges Vorauswählen von Alternativen – Unsicherheits- und Angstgefühle bzw. Fragezeichen, ob wirklich das berücksichtigt wurde, was zählt
Vorgehen	Geschätzter Zeitaufwand ca. 30–60 Minuten je nach Umfang der Matrix 1. Herausarbeiten der Kriterien: Was muss unbedingt durch die Alternative erreicht werden? Was ist wünschenswert zu erreichen? 2. Sammeln, ordnen bzw. konkretisieren der möglichen Alternativen zur Entscheidung 3. Vorstellen der Entscheidungs-Matrix nach Kepner-Tregoe *(siehe Beispiel 6)* 4. Bewerten der Kriterien nach Bedeutung zueinander 5. Durchgehen der Kriterien nach Erfüllungsgrad bei den Alternativen (Hinterfragen durch den Coach wie bspw. „Wieso diese Punktezahl und nicht höher/niedriger?" oder „Was führt zu diesen Punktedifferenzen zwischen Alternative A und B?") 6. Summierung, (objektivierte) Entscheidung bzw. Abstände zwischen den Punkten zu den Alternativen
Autor	Charles H. Kepner/B. Tregoe
Weiterführende Literatur	Rationales Management-Entscheidungen, Vorbereitung und richtig treffen, Charles H. Kepner/B. Tregoe, Landsberg, 6. Auflage, 1992

Beispiel 6: Entscheidungs-Analyse

Zweck							
		Alternative A		B		C	
MUSS-Ziele		Info	J/N	Info	J/N	Info	J/N
WUNSCH-Ziele	*) Bedeutung	**) Wert	Wert X Bedeutung	Wert	Wert X Bedeutung	Wert	Wert X Bedeutung
Summe:			☐		☐		☐

*) Bedeutung: 1 = unwichtig, 10 = entscheidend wichtig
**) Wert = wie stark erfüllt die Alternative dieses Wunschziel?
 (1 = kaum, 10 = voll und ganz)

Wichtiger Hinweis zur „objektivierten" Entscheidung
Die Zahlen sind immer subjektiv gewählt und die Entscheidung ist auch subjektiv. Es wird keine mathematische Entscheidung alleine sein. Der objektivierte Weg besteht darin, dass die Kriterien, die Bedeutung, der Erfüllungsgrad und die Hintergründe, die zu den Zahlen geführt haben, nicht nur klar auf den Tisch zu legen sind, sondern auch die Möglichkeit bieten, später überprüft zu werden und damit als Lernchance für spätere Entscheidungen dienen können. Bei Nachfragen (von Kollegen, Vorgesetzten, Familienmitgliedern, Projektteilnehmern usw.) besteht eine gute Möglichkeit, die Argumente und Gedanken dazu darzulegen und damit aus der „Schusslinie" der reinen gefühlsmäßigen und unbegründbaren Entscheidung herauszukommen. Weiters wird die Beschreibbarkeit ein Mittel, sich miteinander besser auszutauschen als lediglich auf Meinungen angewiesen zu sein, die für jeden anders sind und zu keiner wirklichen Lösung führen.

13 Thema	**Evaluation – Erfolgskontrolle**
Voraussetzung für den Coach	Kenntnis über systemische Zusammenhänge und Abläufe Grundkenntnis über Evaluationsmethoden bzw. Evaluationstheorie Psychologische Grundkenntnisse (besonders hinsichtlich der Art und Weise der Kontakte zu Kunden, der Fragestellungen und dem Einfühlungsvermögen in Situation und andere Personen)
Ziele	• Überprüfen der Zufriedenheit des Gecoachten mit verschiedenen Aspekten im Coaching (Vorgehen, Inhalt, Methodik, Verhalten) • Ansatzpunkte für Veränderungen im Coaching zu den Kundenproblemen bzw. -zielen (bei Zwischenevaluation) • Ermitteln des Veränderns und Umsetzens zum bewussten Erfolgswahrnehmen bzw. rechtzeitiger Nachjustierung
Ausgangssituation	Ein Zwischen-Check steht an, sei es für den Coach wie für den Coaching-Kunden (ein ähnliches Vorgehen kann auch am Ende des Coaching durchgeführt werden). Klären der Zufriedenheit mit Vorgehen, Zusammenarbeit, inhaltlichen Schwerpunkten und Methodik im Hinblick auf die weitere Vorgehensweise.
Indikatoren	– Ein Drittel oder die Hälfte des Coachings sind absolviert – Der Gecoachte wünscht einen Zwischenstand – Der Coach möchte gerne Abgelaufenes, Umgesetztes, Zufriedenheit usw. in Augenschein nehmen
Vorgehen	Geschätzter Zeitaufwand ca. 15 Minuten (Zwischenevaluation) bzw. ca. 15–30 Mintuten (Abschluss) Die Evaluation kann sowohl nach einem Gespräch, als Zwischencheck, etwa in der Hälfte oder am Schluss des Coaching-Prozesses erfolgen. Die drei Ebenen, auf denen eine Erfolgskontrolle möglich ist, sind die Zufriedenheitsebene, die Lern- bzw. Veränderungsebene (kurzfristig) und die Transferebene (langfristige Umsetzung). Folgende Fragen haben sich bewährt: **Vorgehen, Prozess, Zeit:** Wie passte das zeitliche Vorgehen und die Geschwindigkeit bis jetzt? Haben Sie etwas vermisst? Gab es schwierige Stellen, kritische Punkte, wo Sie sich unwohl fühlten? **Inhalt, Themen:** Welches sind/waren für Sie die wichtigsten Punkte? Wie weit sind Ihre Erwartungen zur Inhaltsarbeit erfüllt? Fehlen Ihnen Themen, die Sie bearbeiten möchten oder erwartet hätten? **Methoden, Instrumente:** Was mochten Sie am liebsten? Ist die Art der bisherigen Arbeit für Sie passend? Schwierig? Was?

	Waren die verwendeten Instrumente/Methoden für Sie wirkungsvoll? **Persönliches, Beziehung, Verhalten:** Wie fühlten Sie sich in unseren Gesprächen? Gab es Abweichungen? Fühlten Sie sich irgendwann bedrängt, unter Druck, unwohl? Wie ging es Ihnen mit meiner Art des Gesprächs?
Autor Weiterführende Literatur	Werner Vogelauer The Evaluation of Management Training – a review, M. Whitelaw, London 1972 Erfolgskontrolle betrieblicher Bildungsarbeit, P. A. Döring, Rationalisierungs-Kuratorium der Deutschen Wirtschaft, Frankfurt 1973 Evaluation of Management Training, Warr/Bird/Rackham, London 1970 Effective Evaluation Strategies and Techniques, S. Merwin, San Diego 1981

14 Thema	**Fragetechnik – Diamant**
Voraussetzung für den Coach	Grundkenntnisse der Kommunikation, Gesprächsführung und Fragetechnik Fähigkeiten und Fertigkeiten der kommunikativen Initiative
Ziele	• Klären der Situation in Stufen • Fokussieren auf den Kern des Problems
Ausgangssituation	Der Coaching-Kunde schildert seine Situation sehr allgemein; er ist einsilbig in seinen Informationen bzw. Erklärungen, der Kunde hat die Situation selbst noch gar nicht näher beleuchtet
Indikatoren	– Chaotische Information – Pauschale Berichte – Sehr breites Thema
Vorgehen	Geschätzter Zeitaufwand ca. 20–30 Minuten 1. Schilderung der Kundensituation 2. Einsatz der verschiedenen Fragemöglichkeiten zum Auffächern, Präzisieren und Fokussieren des Themas (anhand der *Abbildung 18* können passende Fragetechniken und -formulierungen genutzt werden) 3. Anhand der vorliegenden Antworten den Kunden selbst die Situation diagnostizieren lassen; ev. ihm (eine) Hypothese(n) zur Überlegung anbieten
Autor Weiterführende Literatur	Unbekannt Jahrbuch 1994 des Management-Center Vorarlberg (MCV), Irene Baumgartner, S. 53ff

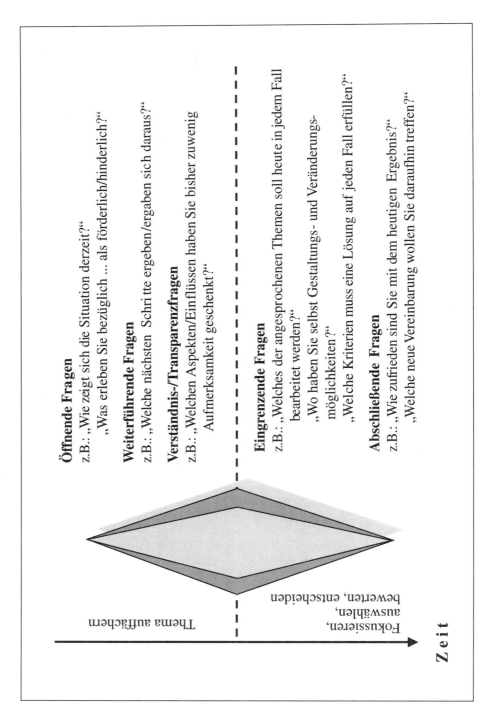

Abbildung 18: Fragetechnik – Diamant

15 Thema	**Vier Gesprächsstufen**
Voraussetzung	Grundlagen der Kommunikation Prozessverständnis für Gespräche und Interaktionen
Ziele	• Erfassen der Phase des Gesprächs anhand der inhaltlichen Aussagen bzw. Punkte • Effektiv(er)es Vorgehen in Gesprächen zur Vermeidung von Umwegen oder überhasteter Ergebnisorientierung • Erkennen von Möglichkeiten und Veränderbarkeiten in Gesprächen
Ausgangssituation	Der Gecoachte berichtet über Gesprächssituation mit anderen Personen (oder auch Gesprächsverlauf im hier und jetzt) und seine Ungeduld mit dem Verlauf, seine Schwierigkeiten mit einem effizienteren Vorgang des Gesprächs bzw. immer wieder zurückfallen in Punkte, die „eigentlich schon besprochen waren". Es kann sich auch um Gesprächssituationen handeln, wo Druck zur Ergebniserreichung im Gespräch besteht oder um eine relativ komplexe (vielschichtige) Ausgangssituation.
Indikatoren	– Überhastetes Führen des Gesprächs – Eigentlich schon ein Ergebnis haben wollen, obwohl das Problem oder die Hintergründe nicht klar sind – Innere Ungeduld mit dem Gesprächspartner, mit dem zeitlichem Verlauf oder auch dem inhaltlichem Ergebnis – Zuhör- und Aufnahmeprobleme von Punkten des Gesprächspartners (wie bspw. Problemsichten, Hintergründe wahrnehmen)
Vorgehen	Geschätzter Zeitaufwand ca. 20–30 Minuten 1. Widerspiegeln des Gehörten/Erlebten 2. Angebot des Modells der Gesprächsstufen *(siehe Abbildung 19)* 3. Gemeinsames Zuordnen des Widergespiegelten zu den Phasen bzw. rückblenden, was gesprochen wurde 4. Betrachtung des Gesprächsverlaufs und formulieren der zentralen Fragen der jeweiligen Stufe zum Thema; notieren der Punkte zu diesen Fragen 5. Überlegungen zur methodischen Nutzung in anderen Zusammenhängen (aus der Erfahrung des Coaching) bzw. Bewusstmachen der Haupthinderungsgründe im Gecoachten selbst (bspw. innerer Druck, Ungeduld, Uninteressiertheit usw.)
Autor Weiterführende Literatur	Werner Vogelauer Menschliche Kommunikation, P. Watzlawick, J.H. Beavin, D.D. Jackson, Bern, 6. A., 1982 Kommunikation – die Brücke zum anderen, V. Scheitlin, St. Gallen 1987 Das konstruktive Gespräch, M. Gührs, C. Nowak, 2. A., Meezen 1997 Richtig miteinander reden, R. Schmidt, 2. A., 1989

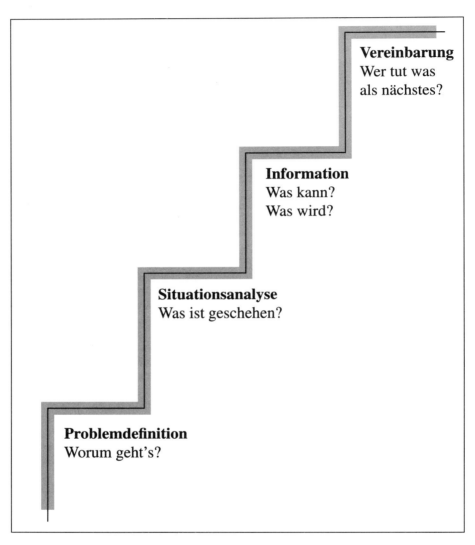

Abbildung 19: Vier Stufen des Gespräches

16 Thema	**„Psychologischer Hunger"**
Voraussetzung für den Coach	Grundkenntnisse der Transaktionsanalyse, speziell zum Thema Zuwendung und Stimulus Grundkenntnisse der Motivationstheorien
Ziele	• Erkennen eigener Orientierungsstrukturen im Alltagshandeln • Klären von eigenen Bedürfnisstrukturen vs. Job-Erfüllung • Vergleichen von eigenen und fremden (Mitarbeiter, Kollegen usw.) Bedürfnisstrukturen und Erfassen der sich daraus ergebenden Unterschiede, Spannungen oder Einseitigkeiten im Führungs- und Zusammenarbeitsprozess • Bewusstmachen von Unterschieden, die anhand des Alltags gefühlsmäßig nachvollziehbar sind, jedoch oft keine Zuordnung oder Erklärung ergaben
Ausgangssituation	a) Gecoachter berichtet über Schwierigkeiten mit Mitarbeitern, Kollegen oder anderen Personen und deren Herangehensweise an Aufgaben oder Gesprächsbeziehungen; Unverständnis bzw. Nichtnachvollziehbarkeit von Verhaltensweisen anderer b) Gefühl der Demotiviertheit anderer bzw. des Nichtgreifens von Aktivitäten zur Motivation des/der anderen c) Es können auch eigene Schwierigkeiten in der Aufgabenerfüllung oder Unzufriedenheiten im Job sein
Indikatoren	– Unzufriedenheit im Job – Unverständnis der Motivation anderer – Unklarheit über eigene Möglichkeiten als Führender, MitarbeiterInnen zu motivieren
Vorgehen	Geschätzter Zeitaufwand ca. 30–50 Minuten 1. Ermitteln der Startfrage und Ausgangssituation 2. Angebot: Information zum Modell „psychologischer Hunger", d. h. „welche innerlichen Beweggründe habe und brauche ich". Der Coach informiert über die Inhaltspunkte der 3 „Hunger"-Aspekte *(siehe Beispiel 7)* und bietet ein zeichnerisches Beispiel an *(siehe Abbildung 20),* wie diese Punkte auch optisch aufbereitet werden können. 3. Gecoachter erstellt Zeichnung zum Thema 4. Besprechen, hinterfragen und analysieren der Situation 5. Erkennen der Situation mit der „anderen Brille" (Diagnose) 6. Herausarbeiten von Möglichkeiten anhand der Startfrage und konkretes Vorbereiten der Umsetzung
Autoren **Weiterführende Literatur**	Bernhard Schibalski/Werner Vogelauer (in Anlehnung an Eric Berne) Was sagen Sie, nachdem Sie Guten Tag gesagt haben?, Eric Berne, Frankfurt/Main 1983

Beispiel 7: „Psychologischer Hunger"

Hunger nach Struktur ist das Bedürfnis nach Orientierungen und nach Rahmenbedingungen.
Beispiele des Alltags sind Ordnungskriterien, Zeiträume und -pläne, Inhalte, Aufgaben, Richtlinien für den Ablauf, Durchführungsbestimmungen, Muss-Kriterien, Tätigkeiten, Stellen- bzw. Funktionsbeschreibungen, Aussichten, Beteiligungen bzw. Mitwirkungen u. ä. m.

Je nach Intensität des Wunsches gibt es:
Sehr viel Struktur haben zu wollen (Linie in der Grafik oben) oder Wunsch nach Freiraum und Bedürfnis nach wenig Rahmen (Linie weit unten).

Hunger nach Akzeptanz ist das Bedürfnis in Beziehungen angenommen zu werden und Reaktionen zu erleben. Inhalte dieser Dimension sind Kontaktbedürfnisse, Blickkontakt, Eingehen der anderen auf meine Worte, Handlungen, Verhaltensweisen, Anerkennung, Lob, Bestätigung, Gespräche, Zuwendung und „nicht Ignoranz", wissen, woran ich beim anderen bin, auf jemanden zugehen usw.

Je nach Ausprägung dieses Bedürfnisses gibt es:
Sehr starke Bedürfnisse, akzeptiert zu sein (Linie im oberen Bereich),
Beziehungen und Kontakte als passend und sinnvoll zu erleben (Mittelbereich) oder es passt, alleine zu sein, kaum Kontakt, Beziehung, Anerkennung zu benötigen (Linie im unteren Bereich).

Hunger nach Anreiz, Impulsen oder Stimulanz beinhaltet das Bedürfnis, aktiv und verändernd tätig werden zu wollen. Beispiele im Leben dafür sind Neugierde, Impulse nehmen/geben, etwas Anderes/Neues tun wollen, Abwechslung zu haben, nicht immer dasselbe tun wollen, Anregungen aufnehmen, Veränderungsvorhaben, Ziele für Umorientierungen, Umorganisation, Aktivitäten, die herausfordernd sind, auf Reize reagieren, Spontanität, Ideen u. ä. m.

Je nach Intensität der Bedürfnisse nach Anreizen heißt das:
Immer wieder etwas Neues wollen, sehr stark auf Impulse aus sein (Linie im oberen Bereich).
Neuerungen und Ideen als interessant erleben, aber auch Gewohntes einmal eine Zeit machen (Linie im Mittelbereich) oder
Lieber bei Gewohntem bleiben, Veränderungen als Kraftaufwand und nicht notwendig erleben (Linie im unteren Bereich).

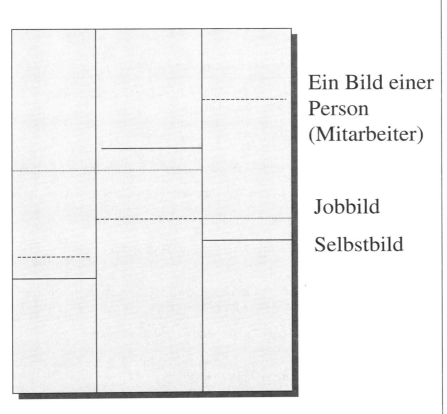

Je nach Beipiel können die eigene Einschätzung („Selbstbild" – durchgezogene Linie) und fremde Einschätzung etwa eines Mitarbeiters („Mitarbeiter" – strichlierte Linie) verglichen werden. Unterschiede der Linien bspw. Anreiz zeigen ein wesentlich stärkeres Anreizbedürfnis des Mitarbeiters als der einschätzenden Person.

Die einschätzende Person kann auch die Einschätzung des Arbeitsplatzes („Jobbild" – punktierte Linie) vornehmen. Daher kann sie bspw. bei der Struktur ein „Freiraumdefizit" zeigen. Der Job bietet mehr Struktur und Richtlinien, als die Person möchte.

Abbildung 20: Situationsbeispiel „Psychologischer Hunger"

17 Thema	**Intimitäts-Quotient (Beziehungs-IQ)**
Voraussetzung für den Coach	Grundkenntnisse der Kommunikationspsychologie, der Transaktionsanalyse besonders der Themen Kontakt, Zuwendung und Beziehungsgestaltung
Ziele	• Erkennen eigener Stärken und Problempunkte in einer bestimmten Beziehung • Identifizieren von Themen zur Verbesserung der Beziehung zu einem bestimmten Menschen
Ausgangssituation	Der Gecoachte berichtet über Schwierigkeiten in der Arbeits-/privaten Beziehung zu einem bestimmten Menschen. Weiters erzählt er über Wünsche bzw. Notwendigkeiten, diese Beziehung verbessern zu wollen. Er ist interessiert an der Erhellung bzw. Hinterfragung möglicher Ursachen der Schwierigkeiten.
Indikatoren	– Spannungszone(n) in einer konkreten Beziehung – Nähe/Distanz ist ein bewusstes/unbewusstes wichtiges Thema – Neigung zu Rückzug (aus der Beziehung zu gehen) oder Negation („es geht halt nicht")
Vorgehen	Geschätzter Zeitaufwand ca. 20–40 Minuten 1. Situationsbeschreibung 2. Angebot zum Beziehungs-IQ (persönliches Ausfüllen des Kurztests, *siehe Beispiel 8*) 3. Besprechen der Fragen und Markierungen anhand der Gesamtpunkte-Summe bzw. der größten Abweichungen oder besonders markanter Einschätzungen (Zahlen bspw. unter „4") 4. Herausarbeiten von Möglichkeiten der Verbesserung in dieser Beziehung anhand der Test-Erkenntnisse und der Alltags-Erfahrungen
Autoren	J. Mc Kenna/Werner Vogelauer
Weiterführende Literatur	Permission not granted, J. McKenna, Chesterfield/USA 1990

Beispiel 8: Mein Beziehungs-„I.Q."

Schätzen Sie sich selbst in den folgenden Aussagen ein. Nehmen Sie eine (Arbeits)-Beziehung mit einer konkreten Person an. Stellen Sie dabei fest, wie viel Sie gewillt sind, in dieser Beziehung zuzulassen.

Beobachten Sie, ob dies eine typische Beziehungsstruktur von Ihnen ist.

1. INVESTITION
Wie viel Zeit und Energie geben Sie dem/der anderen?

keine   sehr viel
1 2 3 4 5 6 7 8 9 10

2. NÄHE
Wie viel Bewusstheit haben Sie im „Jetzt". Merken Sie auch kleine Veränderungen bei anderen?

1 2 3 4 5 6 7 8 9 10

3. VERTRAUEN
Wie viel erzählen Sie dem/der anderen gewollt Dinge, die Sie evtl. verletzbar machen und wieviel glauben Sie dem/der anderen?

sehr wenig
1 2 3 4 5 6 7 8 9 10

4. EINBEZIEHUNG
Wie viel Ihrer Zeit verbringen Sie mit Aktivitäten wie Erholung, Arbeit, Entscheidungen, Dialog über laufende Ereignisse mit dem/der anderen?

keine
1 2 3 4 5 6 7 8 9 10

5. MITEINANDER
Wie viel geben und nehmen Sie in der Beziehung und riskieren durch Offen- und Ehrlichsein bei Gefühlen, Meinungen usw.?

kaum   sehr stark
1 2 3 4 5 6 7 8 9 10

	kaum	sehr stark
6. STIMMIGKEIT (AUTHENTIZITÄT)	1 2 3 4 5 6 7 8 9 10	

Geben Sie sich so, wie Sie wirklich im innersten Kern sind? (im Gegensatz zu „Rollenverhalten", wie man als Ehemann, Boss, Freund usw. sein sollte?)

	gar nicht	sehr viel
7. SORGFALT/SORGSAMKEIT	1 2 3 4 5 6 7 8 9 10	

Wie ehrlich und einfühlend drücken Sie Ihre Themen oder Meinungen dem/der anderen gegenüber aus?
(z. B. wie offen und direkt lehnen Sie Ihr Verhalten ab, das Ihr Wohlbefinden einschränkt?)

	kaum	sehr oft
8. ABLEHNEN/ZUSTIMMEN	1 2 3 4 5 6 7 8 9 10	

Wie oft sagen Sie „Ja", wenn Sie „Ja" meinen und „Nein", wenn Sie „Nein" zur/zum anderen meinen?

9. EINBRINGEN   1 2 3 4 5 6 7 8 9 10

Wie viel gehen Sie auf den/die andere(n) zu, wenn es Ihnen wichtig ist? (z. B. melden Sie Bedürfnisse an usw.)

		sehr stark
10. GEFÜHLE	1 2 3 4 5 6 7 8 9 10	

Wie offen und stark zeigen Sie Ihre Empfindungen und Gefühle dem/der anderen?

Mein Beziehungs-I.Q. – Gesamtpunke	

18 Thema	**Interventionen – „9-P-Modell" der ganzheitlichen Inhaltsarbeit**
Voraussetzung für den Coach	Grundkenntnisse psychosozialer Verhaltensweisen und von Kommunikationstheorien
Ziel	Umfassende Bearbeitung des eingebrachten Themas
Ausgangssituation	Der Coaching-Kunde beschreibt eine Situation, in der sich Fragen seiner Fähigkeiten und seines Leistungsziels ebenso wiederfinden wie die Suche nach Wegen, Alternativen, Mitwirkung anderer Personen in diesem Fall u. ä. m. Der Fall scheint heikel, und es könnte sein, dass einerseits vorbeugende Schutzmaßnahmen, andererseits auch motivierende Unterstützung wichtig sind.
Indikatoren	– Unklarheit und Unsicherheit des Gecoachten im Umgang mit anderen in der Situation, zu Möglichkeiten und zu eigenen Fähigkeiten und Kenntnissen
Vorgehen	Geschätzter Zeitaufwand ca. 40–50 Minuten 1. Genaue Schilderung des Sachverhalts und der Ausgangssituation 2. Ermitteln der Ziel- und Leistungsvorstellung in der Zukunft 3. Hinterfragen der derzeitigen Wahrnehmung – was läuft? Was ist sichtbar? Orientierung anhand der *Abbildung 21* (Hinweis: bei Ignorieren, Nichtwahrnehmen usw. – siehe „Abwertung") 4. Herausarbeiten, nachfragen und verstärken der „linken Grafik-Seite" aus *Abbildung 21* (Stärke, Gewärtigsein und Schutz); wenn hier ausreichende Gedanken gesammelt wurden, dann 5. Zusammentragen der Möglichkeiten, in dieser Situation zu agieren. Damit in Zusammenhang steht auch die Frage nach den Partnern, Betroffenen, Beteiligten, Gegnern oder einflussreichen Personen. Wie gehe ich mit diesen um? Bei welchen Alternativen gibt es hohe Chancen, wo eher Probleme? 6. Was sind die Unterstützungen, die sich der Gecoachte selbst geben kann und was erwartet er von mir bzw. welche „Erlaubnis", welche Schritte zu seiner Initiative sind zu gehen?
Autor	Werner Vogelauer

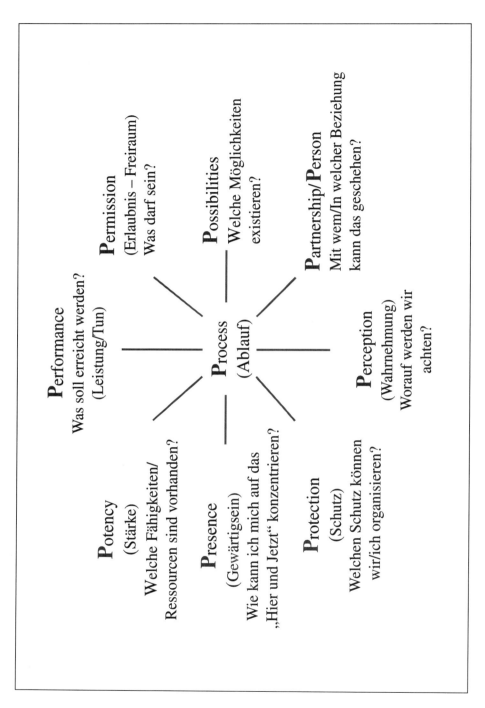

Abbildung 21: 9-P-Modell

19 Thema	**Kulturaspekte im Coaching**
Voraussetzung für den Coach	Kenntnisse der Organisationsentwicklung bzw. organisationskultureller Aspekte Sensibilität für Hintergrundmuster
Ziele	• Klären von Unterstützung bzw. Widerstand gegenüber den Coaching-Arbeitsergebnissen des Gecoachten • Klären von Startsituationen für Coaching (mit Einzelpersonen ebenso wie für Gruppen oder Gesamteinführung des Coaching-Konzeptes in Organisationen) • Präzisieren von hindernden bzw. unterstützenden Elementen zum Coaching aus der Kultur der Organisation
Mögliche Ausgangssituation	a) Gecoachter beschreibt potenzielle/mögliche Schwierigkeiten bei Umsetzungen im Alltag. „Zwischen den Zeilen" wird hörbar, dass Muster/Normen/typische Alltagshandlungen gegen Umsetzungen im allgemeinen oder bestimmte Verwirklichungen sprechen. b) Beim Gruppencoaching werden in der Anfangssituation (worauf werden Sie bei der Umsetzung treffen?) oder in der konkreten Situationsbearbeitung Muster der Abteilung/ Organisation angesprochen, die behindern. c) Von den Verantwortlichen (Führungskräften, Personalentwicklern …) werden in der Vorphase der Einführung von Coaching als Personalentwicklungs-Instrument Widerstände zu Erlaubtheit, Lernen über diesen Weg, Umsetzung von Erlerntem aus diesem Prozess usw. angesprochen.
Indikatoren	– Versteckenspiel des Gecoachten zur Information über Coaching aus oder zu der Organisation – Coaching soll geheimgehalten werden – Ansprechen von Querschüssen, Abwertungen oder Desinteresse zu Coaching aus der Organisation
Vorgehen	Geschätzter Zeitaufwand ca. 20–30 Minuten 1. Fragen zur Situationsbeschreibung wie „Wie wird Coaching aufgenommen werden?, Wie geht man in der Organisation mit Lernen, Umsetzung usw. um? Was sind typische Muster der Organisation, wenn bekannt wird, dass jemand gecoacht wurde? Welche Zeitorientierung ist in der Organisation erkennbar? (mehr das Heute oder das Morgen). Ist im Unternehmen mehr der Blick nach außen (Umfeld, Kunden) oder nach innen (Organisation, Mitarbeiter usw.) gewendet?" 2. Einbeziehen des Kultur-Quadranten (als Hintergrundmodell des Coach für seine weitere Arbeit oder offiziell als Spiegel, um damit mit dem Gecoachten bzw. Gesprächspartner weiter zu arbeiten) *(siehe Abbildung 22)*. Wenn der entsprechende

	Teil der Kultur lokalisiert wurde, kann der Coach gemeinsam mit dem Gesprächspartner herausarbeiten, ob diese Art mehr destruktiv (-) oder konstruktiv (+) erlebbar ist, bspw. ist bei starker Außenorientierung und Gegenwartsbezogenheit mehr Anpassung (und eigener Rückzug von Gedanken, Ideen und Möglichkeiten) oder Einfluss (sinnvolles Einbringen von Ideen und Möglichkeiten) erkennbar. Je nach dem kann dann eine Vorgehensweise erarbeitet werden, die für das Coaching nutzbar ist.
Autor	Werner Vogelauer
Weiterführende Literatur	Coaching-Praxis, Werner Vogelauer, Wien 1998, S. 29

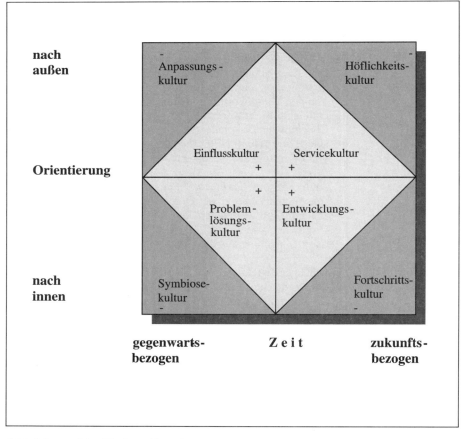

Abbildung 22: Kultur Quadrat

20 Thema	**Persönliche Kernqualitäten**
Voraussetzungen für den Coach	Gutes Einfühlungsvermögen Analytische Auffassungsgabe Flexible Fragetechnik
Ziele	• Verdeutlichen der Verhaltensmöglichkeiten durch Bearbeiten der Gegenpole • Herausarbeiten von „Talenten" und „Entwicklungsaufgaben" für die Coaching-Situation
Ausgangssituation	Die zu coachende Person beschreibt entweder problematische Verhaltensweisen, die sie in ihrer Wirkung nicht wahrnimmt oder deren Überzeichnung bei anderen Misstöne hervorruft. Der Gecoachte nimmt nur die negativen Seiten von Verhalten bzw. Tun wahr.
Vorgehen	Geschätzter Zeitaufwand ca. 20–40 Minuten 1. Beschreibung der Situation des Kunden 2. Je nach Übertreibung oder Nichtwahrnehmung können die entsprechenden Seiten des Vierecks „persönliche Kernqualitäten" herausgearbeitet werden *(siehe Abbildung 23)*. Der Coach zeichnet das Viereck auf und bezeichnet eine Ecke, z. B. „Allergie", und eine weitere mit dem im Gespräch gefallenen Begriff „apathisch sein". Eine Alternative ist auch das gesamte Viereck mit den allgemeinen Begriffen zuerst darzustellen. 3. Gecoachter formuliert selbst die „Gegensätze" bzw. das „zu viel des Guten". Nachfragen sollte klärend helfen, nicht vorgeben. • Um den Kernquadranten zu ermitteln, kann an allen vier Eckelementen angesetzt werden. Von jedem der Eckelemente aus können die drei anderen gefunden werden. Zu jedem Eckelement führt eine eigene „Suchfrage". • Talent: Was ist mir immer leicht gefallen? In welcher Art von Aktivität fühle ich mich wie ein Fisch im Wasser? Was gelingt mir auf eine selbstverständliche Weise, während es anderen schwer fällt? • Karikatur: Was ärgert oder stört andere an mir? Wann sagen andere zu mir: „Sei doch nicht so…!" Von der Karikatur aus kann ich fragen: Wovon ist dies ein „zu viel des Guten" (mein Talent) oder: Was ist der positive Gegensatz? (meine Entwicklungsaufgabe) • Entwicklungsaufgabe: Was bringt mich ins Gleichgewicht? Manchmal auch: Was bewundere ich an anderen? Weiters: Welche Eigenschaft ergibt sich als „zu viel des Guten" (meine Allergie) und: Was ist der negative Gegensatz? (die Karikatur) • Allergie: Was kann ich bei anderen nicht ausstehen? Welches Verhalten an anderen wirkt auf mich wie ein rotes Tuch?

	Wovor empfinde ich Angst? Weiterführend: Was ist hiervon „zu viel des Guten"? (meine Entwicklungsaufgabe). Was ist hiervon der positive Gegensatz ? (mein Talent) 4. Was wurde Neues entdeckt? Was sind neue Erkenntnisse, Wahrnehmungen für das weitere Vorgehen?
Autor	Annemarie van der Meer

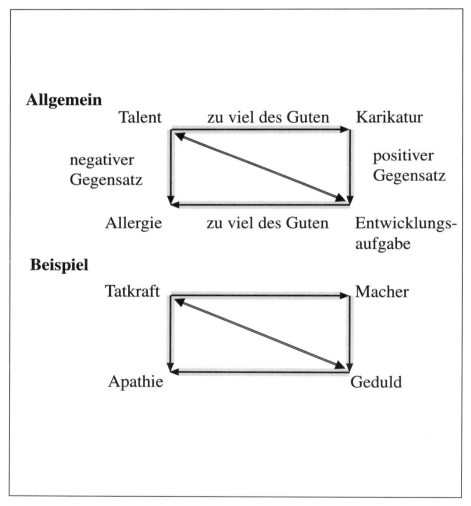

Abbildung 23: Persönliche Kernqualität

21 Thema	**Kraftfeld-Modell**
Voraussetzungen für den Coach	Kenntnis der Feldtheorie nach K. Lewin
Ziele	• Ermitteln der positiven und negativen Einflüsse auf Veränderungen • Erarbeiten von Maßnahmen aus den Pro- und Contra-Kräften und deren Stärken *(siehe Abbildung 24)* • Übersicht über das gesamte Kraftfeld der Situation/des Themas
Ausgangssituation	Der Gecoachte möchte Maßnahmen einsetzen, ist sich jedoch unsicher bzw. unklar über Wirkungen. Der Coaching-Kunde spricht über Schwierigkeiten in der Umsetzung bzw. fantasiert allgemein nur negative oder nur positive Wirkungen.
Vorgehen	Geschätzter Zeitaufwand ca. 20–40 Minuten 1. Beschreiben der Veränderungssituation (Ziel) 2. Analyse des gegenwärtigen Zustandes des dynamischen Gleichgewichtes (Auflisten der Pro- bzw. Contra-Kräfte/laut *Abbildung 24)* 3. Verwendung des Kraftfeld-Modells: Notieren Sie zu jeder Pro- bzw. Contra-Kraft ein Stichwort oder einen kurzen Satz und vermerken Sie auch die Stärke der Kräfte (entweder durch Zahlen 1 = wenig, 2 = mittel, 3 = stark oder durch die Länge des Pfeils). Sie können auch die Stärken jeweils in ihrer Reihenfolge ordnen 4. Eine Veränderung kann dann vorgenommen werden, wenn entweder die Pro-Kräfte gestärkt oder die Contra-Kräfte geschwächt werden. Frage an den Kunden: Welche Aktivitäten, Maßnahmen fallen Ihnen dazu ein? 5. Erstellen Sie mit dem Coaching-Kunden ein Aktivitäten-Raster, das am besten zum Ziel und zur Veränderung beiträgt.
Autor	K. Lewin/H. Piber/F. Glasl
Weiterführende Literatur	Feldtheorie in den Sozialwissenschaften, K. Lewin, Bern-Stuttgart 1963 (New York, 1951) Kraft-Feld-Analyse – Fördernde und hemmende Faktoren bei Organisationsveränderungen, K. D. Lemke, in: Bürotechnik 1978, S. 74–77, Der feldtheoretische Ansatz, R. Solle, in: C.F. Graumann (Hrsg.), Handbuch der Psychologie, Bd. 7/1, Göttingen, 1969 Die Feldtheorie und Kurt Lewin, Helmut E. Lück, Weinheim 1996

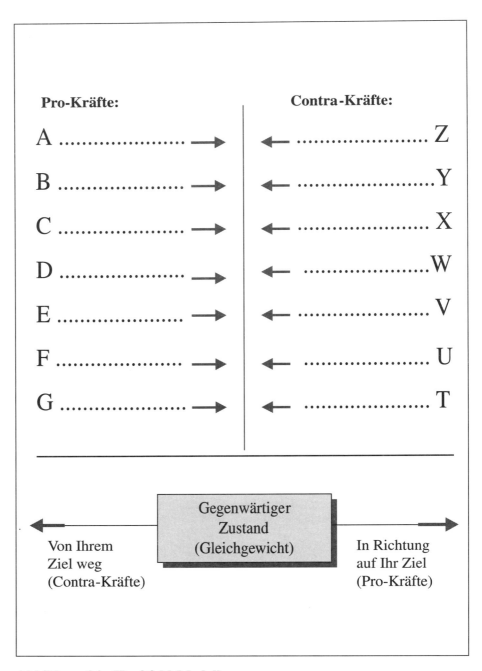

Abbildung 24: Kraftfeld-Modell

22 Thema	**Kommunikationsebenen im Coaching**
Voraussetzungen für den Coach	Grundkenntnis der Kommunikationstheorie Selbstreflexionsfähigkeit und -bereitschaft
Ziele	• Bewusst machen der Kommunikationsprozesse für den Coach • Inhalte des Gesprächs den Ebenen der Interaktion zuordnen können • Möglichkeiten der Intervention und Veränderung von Gesprächssituationen erkennen und nutzen
Ausgangssituation	Der Coach möchte für sich Klarheit in (verwirrende) Kommunikationssituationen bringen. Der Gecoachte springt in seinen kommunikativen Inhalten, und das Klären bzw. Verändern ist schwierig.
Indikatoren	– Im Gespräch mit dem Coaching-Kunden kommen unterschiedlichste Inhalte und Kommunikationsarten vor – Verwirrung bzw. Orientierungsprobleme beim Coach, worauf eingehen
Vorgehen	Geschätzter Zeitaufwand ca. 20–30 Minuten 1. Situationsbeschreibung des Kunden 2. Innehalten des Coach, bspw. durch Wiederholen („aktives Zuhören"), durch Aufforderung an den Kunden kurz zu stoppen, um die genannten Punkte zu notieren, aufzulisten, zu sortieren u. a. 3. Anhand der *Abbildung 25* besonders Aussagen nach den Ebenen Gedanken des Kunden, Gefühle von ihm/ihr und Impulse bzw. Handlungsvorstellungen des Gecoachten sortieren. Nachzufragen, was dem Coaching-Kunden besonders wichtig dabei sei, kann helfen; weiters die Beobachtung, ob etwas vordergründig genannt wird, aber noch etwas (Wichtigeres) dahinter liegt. 4. Selbstreflexion des Coach, ob er offen für alle Themen und Ebenen ist bzw. ob die ursprüngliche Fülle „antreiberhaft" ist (siehe „Antreiber") – ob Kunde oder sie/er als Coach jemand unter Druck gebracht wurde. 5. Anhand der Kunden-Schwerpunkte *(siehe Punkt 3)* weiterarbeiten
Autor	Hans von Sassen

Abbildung 25: Gelungene Kommunikation

23 Thema	**Lernebenen – Veränderungsprozesse**
Voraussetzung für den Coach	Grundkenntnisse in Lernpsychologie • Systemisches Denken • Prozessdenken • Kommunikationspsychologie Vorteilhaft sind auch Kenntnisse des Konzepts des Bezugsrahmens aus der Transaktionsanalyse
Ziele	• Herausfinden der richtigen (Problem)-Lösungsebene • Lernvorhaben hinterfragen, um passende Lernebene anzugehen
Ausgangssituation	Der Gecoachte berichtet über eine Problemsituation, eine Frage, die ihn beschäftigt, ein zukünftiges Vorhaben, das er umsetzen möchte. Dabei werden seine Unsicherheiten deutlich, welche Art der Problemlösung passt, bzw. er ist sich des Umfangs des Vorhabens unklar. Er möchte gerne die Situation klären, hinterfragen, um passende Aktivitäten zu setzen.
Indikatoren	– Mehrdimensionales Thema wird eingebracht – Der Gesichtskreis des Kunden ist eingeengt bzw. fixiert, andere Gesichtspunkte sind nicht erkennbar – Das Thema wird ohne Umfeldeinbezug und Zusammenhänge betrachtet
Vorgehen	Geschätzter Zeitaufwand: Innerhalb einer Coaching-Stunde möglich 1. Coaching-Kunde beschreibt Situation/Ausgangspunkt/ Problem 2. Fragen durch den Coach *(Abbildung 26 bietet Hintergrund dazu)* bspw. **Aktivitäten:** Wenn Sie diese Aktivität tun, welche Wirkung glauben Sie, wird entstehen? Was werden die anderen dazu sagen/tun? (ev. einbringen von Alternativen, eigene Erfahrungen als Spiegel) **Strategien:** Sie sprechen von Sichtweisen anderer, was ist davon für Sie nachvollziehbar, verständlich? Ich höre bei Ihnen in den Formulierungen viel Emotionales (oder denken, agieren, Normen, reagieren …) heraus. Gibt es noch andere Aspekte zum Thema? **Kontext:** Welche Zusammenhänge sehen Sie dabei? (ev. eine Grafik der Zusammenhänge anfertigen) Welche Muster sehen Sie hinter dieser Schilderung? Was sind typische Elemente für diese Situation? Welche völlig andere „Vision" könnte eine kreative Lösung sein? Wovon können und wollen Sie sich bei der „alten" Situation „verabschieden?" Was ist eine wirkliche neue Herausforderung/Aufgabe/Ergebnis/Zukunftssituation? 3. Herausarbeiten von (Problem)-Lösungswegen, die der Situation (und auch dem herausgearbeitetem Grad des Problemlösens) entsprechen.
Autor Weiterführende Literatur	Robert Hargrove Masterful Coaching, R. Hargrove, Jossey-Bass, San Francisco 1995 Permission not granted, J. McKenna, Chesterfield 1990

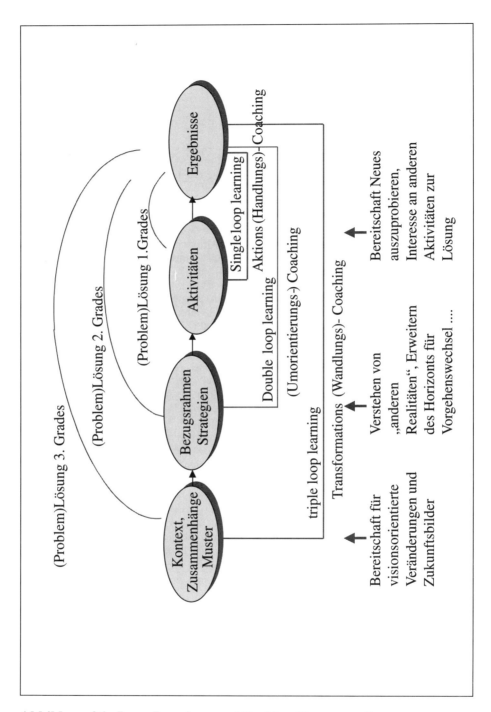

Abbildung 26: Lern-Loopings und Problemlösungsgrade

24 Thema	**Lerntyp – Profil**
Voraussetzungen für den Coach	Grundkenntnisse in Lernpsychologie und im Prozessdenken und Denken in Zusammenhängen
Ziele	• Ermitteln der Lernfähigkeit sowie Stärken und Schwächen im Lernprozess • Bewusst machen des eigenen Lerntypus • Finden der eigenen optimalen Lern- und Entwicklungsmöglichkeiten
Ausgangssituaton **Indikatoren**	Der Gecoachte hat Schwierigkeiten beim Verändern von Arbeitssituationen. Er ist gewillt, etwas zu tun, weiß jedoch nicht so recht, warum sein bisheriges Vorgehen nicht so recht funktioniert. Er spricht von Lern-Ungewohnheit, von starker Praxisorientierung und lehnt theoretische Abhandlungen eher ab, legt Wert auf Soforttun und rasche Maßnahmen. Auf Nachfragen kennt er bspw. weder seine typischen Lernmuster, noch wie er am besten lernt. – Lernungewohnt – Einseitige Lösungswege „sofort tun" oder nur reflektierend an die Sache herangehen oder intensive Theoriearbeit – Fehlende Kenntnis bzw. Umsetzung des Lernens als innerer Prozess in mehreren Schritten
Vorgehen	Geschätzter Zeitaufwand ca. 20–30 Minuten 1. Lerntyp-Test *(siehe Beispiel 9)* 2. Auswertung und Information über die Lernprozess-Schritte nach Kolb *(siehe Abbildung 27a und b)* 3. Zusammenhang zur Problem/Veränderungssituation herstellen. Informationen zu den 4 Lernphasen bzw. Lernstilen geben, ev. nachfragen nach früheren Erfahrungen dazu und ob dies auch anhand früherer Erlebnisse nachvollziehbar ist. 4. Möglichkeiten der Verbesserung/Veränderung anhand der Stärken bzw. Schwächen herausarbeiten 5. Entwickeln von passenden Maßnahmen zur Situation anhand der eigenen Möglichkeiten.
Autor	T. Kolb/H. Piber
Weiterführende Literatur	Management and the Learning Process , Kolb, D.A., in California Management Review, Spring, Vol. XVIII, 1976 Learning and Problem Solving, Kolb, D.A., in Kolb, D.A./ I. Rubin/I. J. McIntyre, Organizational Psychology: An Experimental Approach, Prentice Hall, 1974

Beispiel 9: Messung der Lernstile nach D. Kolb

So gehen Sie vor:

Sie finden unten einen Text mit neun Zeilen und vier Spalten.
In jeder Zeile stehen vier Ausdrücke (z. B. in der Zeile 1: selektiv – explorierend – engagiert – praktisch). Eines dieser vier Wörter bezeichnet am ehesten die Art, wie Sie am besten lernen: Dieses Wort bekommt von insgesamt 10 zu vergebenden Punkten die meisten Punkte (z. B. 5), das Wort, das danach auch noch recht typisch ist, z. B. 3, die anderen z. B. 1 und 1. **Pro Zeile** sind also immer **10 Punkte** zu vergeben. Dann lesen Sie Zeile für Zeile – und vergeben die Punkte nach demselben Verfahren.

1. | **1** selektiv | **3** explorierend | **1** engagiert | **5** praktisch |

	Kolonne 1	Kolonne 2	Kolonne 3	Kolonne 4
1.	selektiv	explorierend	engagiert	praktisch
2.	empfänglich	sachbezogen	analytisch	unparteilich
3.	fühlen	beobachten	denken	tun
4.	akzeptierend	risikofreudig	erwägend	bewusst
5.	intuitiv	produktiv	logisch	erfragend
6.	abstrakt	betrachtend	konkret	aktiv
7.	gegenwartsorientiert	reflektierend	zukunftsorientiert	pragmatisch
8.	Erfahrung	Beobachtung	Konzept-Bildung	Experiment
9.	intensiv	zurückhaltend	rational	verantwortungsbewusst
	KE	**RB**	**AK**	**AE**

Bilden Sie jetzt noch keine vertikalen Summen!

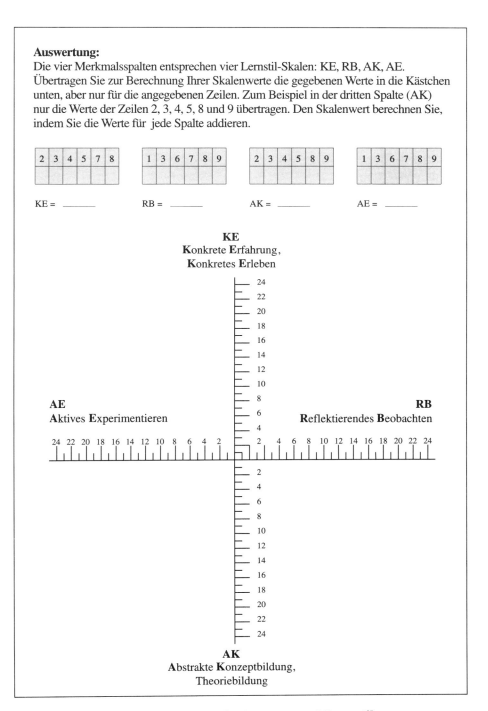

Abbildung 27a: Auswertungsgrafik Lerntyp und Lernstil

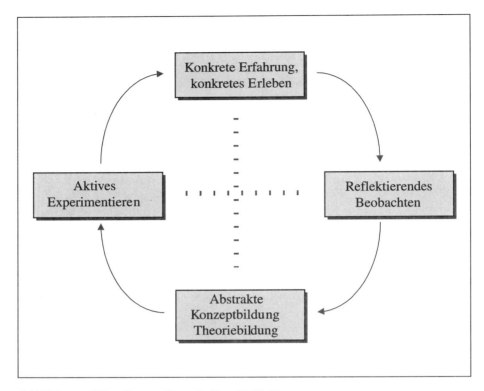

Abbildung 27b: Lernstil nach David Kolb

Beschreibung zu Abbildung 27b:

Fähigkeiten der vier Lernstile

- **Fähigkeit zu konkreter Erfahrung (KE)**
  sich offen und vorurteilsfrei auf neue Erfahrungen einzulassen
- **Fähigkeit zu reflektierendem Beobachten (RB)**
  über die Erfahrungen nachdenken und diese aus unterschiedlichen Standpunkten beleuchten.
- **Fähigkeit zur abstrakten Konzeptbildung (AK)**
  Beobachtungen generalisieren und stimmig in Theorien integrieren
- **Fähigkeit zum aktiven Experimentieren (AE)**
  Konzepte und Theorien anwenden und für Entscheidungen und Problemlösungen nutzen

Lernzyklus und -Phasen A bis D

Phase A: Vom konkreten Erleben zum reflektierenden Beobachten
In dieser Phase ist es von entscheidender Bedeutung, sich ganz offen und unvoreingenommen in neue Situationen zu begeben, gut wahrzunehmen und konkrete Situationen von vielen Perspektiven zu sehen.

Mit einer aufnehmenden, akzeptierenden Haltung und mittels bildhafter Fähigkeiten werden phantasievoll neue Ideen generiert. In dieser Phase sind künstlerische und rechtshemisphärische Methoden bedeutsamer als logisch-analytische. Die gewonnenen Erfahrungen und Erlebnisse zu reflektieren, verlangt eine gewisse kritische Distanz.

Phase B: Vom reflektierenden Beobachten zur abstrakten Konzeptbildung
Das reflektierende Beobachten, das zurückhaltende Reflektieren ist die Grundlage für eine gute Konzeptbildung. Beobachtungsresultate werden auf induktivem Wege geordnet und zu „Theorien" verbunden. Das Integrieren unterschiedlichster Beobachtungs-Ergebnisse in ein Erklärungsmodell ist das Entscheidende dieser Phase. Dazu braucht es mehr logisch-rationale Fähigkeiten, aber auch mehr emotionale Distanz zum konkreten Erleben.

Phase C: Von der abstrakten Konzeptbildung zum aktiven Experimentieren
Die systematische Auswertung von Ideen, Konzepten und Theorien ist der Schwerpunkt der nächsten Phase. Durch deduktives Vorgehen werden Hypothesen in Bezug auf spezifische Aufgabenstellungen gebildet. Es gilt, Pläne zu erarbeiten und diese für Problemlösungen und Entscheidungen nutzbar zu machen – so konkret, dass abgeleitete Maßnahmen praktisch ausprobiert werden können.

Phase D: Vom aktiven Experimentieren zum konkreten Erleben
Hier geht es um praktisches Tun und das Gewinnen neuer Erfahrungen. Häufig verlieren Problemlösungsteams mit der Einsicht, wie eine Lösung in der Praxis funktionieren kann, das weitere Interesse. Der Lernzyklus ist aber erst rund, wenn die Lösung verantwortungsbewusst erprobt wird und man gleichzeitig offen ist für neue konkrete Erfahrungen. Ein Verliebt-Sein in die gefundene Lösung verhindert leicht einen kontinuierlichen Verbesserungsprozess. Probleme lassen sich selten durch einen einzigen Zyklus lösen; die Anwendung von Lösungen in der Praxis bringt neue Erfahrungen, die reflektiert werden sollten, um die Konzepte zu verbessern.

25 Thema	**Metaphern**
Voraussetzung für den Coach	Gute analytische bzw. diagnostische Fähigkeiten im ganzheitlichen Sinne (sachlich/kognitiv und emotional/gefühlsbezogen) Psychosoziale Grundkenntnisse Fähigkeit in Bildern zu denken bzw. aus Erzählungen Vergleiche, Figuren, Geschichten herauszuhören
Ziele	• Bewusst machen von verdeckten Hintergründen • Loslösen von einer zu engen Alltagssichtweise oder aus der Verstrickung der eigenen Erzählung/Thematik • Zu neuen Schlüssen bzw. Erkenntnissen durch Veränderung der Erzählung (Metapher) kommen können • Fokussierung auf hypothetisch vermutete Thematik, die (schwer) direkt ansprechbar ist (mögliche Abwehr/direkter Widerstand)
Ausgangssituation	Schilderung der Ausgangs-/Problemsituation durch den Coaching-Kunden. Er schildert umfangreich, vielleicht auch durcheinander oder komplex, vielleicht auch sehr persönlich und verbohrt/lösungsunfähig wirkend.
Indikatoren	– Thema ist emotional besetzt – Geschilderte Situation ist verworren und komplex und auch schwierig direkt analytisch ansprechbar – Der Gecoachte steckt zu stark im Thema und blockiert sich (teilweise) im Wahrnehmen und Loslösen
Vorgehen	Geschätzter Zeitaufwand ca. 20–40 Minuten Während der Schilderung des Gecoachten kommen dem Coach Vergleiche, Beispiele, Geschichten oder wichtige Orientierungspunkte in den Sinn, die sich für eine losgelöste, aber der Situation sehr ähnlichen Rückmeldung an den Gecoachten eignen können. Diese (Anhalts-) Punkte oder vorhandene und bekannte Geschichten können dann direkt oder nach einer kurzen Überlegungszeit dem Coaching-Kunden als Idee angeboten werden, bspw. mit den Worten „wenn ich so darüber nachdenke, fällt mir folgende Geschichte ein ..." oder „das bringt mich auf folgende Idee" oder auch „ich möchte Ihnen gerne eine kurze Geschichte erzählen, die mir gerade zu ihrer Erzählung eingefallen ist ...". Nach der Rückmeldung kann ein Gespräch mit dem Gecoachten eingeleitet werden, etwa mit den Worten „Fällt Ihnen etwas auf?" oder „Welche Verbindung können Sie zwischen meiner Geschichte und Ihrer Erzählung herstellen?" oder auch „Sagt Ihnen das etwas?" u. ä. m.

	Aha-Effekte, wichtige Schlüsse oder Nachdenken können dann für die weitere Vorgehensweise im Coaching aufgegriffen und genutzt werden. Die Rückmeldung des Coach ist in unterschiedlich optisch-akustischen „Bildern" (Metaphern) möglich. Dies kann von einem Spruch bis hin zu einer Geschichte á la „Mulla Nasrudin" reichen.
Weiterführende Literatur	Der Kaufmann und sein Papagei, N. Peseschkian, 6. A., Frankfurt/Main 1983 Der nackte Kaiser, N. Peseschkian, Augsburg 1997

26 Thema	**Netzwerk der Ziele bzw. Problempunkte**
Voraussetzung für den Coach	Grundkenntnisse über systemisches Arbeiten Denken in Zusammenhängen bzw. Abhängigkeiten besitzen
Ziele	• Bei Problembeschreibungen bzw. Zielformulierungen die Zusammenhänge der einzelnen Punkte auflisten • Das Gesamtfeld der Zusammenhänge bzw. Abhängigkeiten wahrzunehmen und daraus Schlüsse ziehen • Effektive Maßnahmen aus einer Gesamtperspektive entwickeln
Ausgangssituation	a) Der Gecoachte erzählt bei seiner Situations(Problem)-beschreibung von umfassenden und verschiedenen Einflüssen b) Der Coaching-Kunde hat anhand der bisherigen Arbeit in oder außerhalb des Coaching einige Ziele für sich zusammengestellt und möchte diese nun angehen; die (offene) Frage ist dabei, wie diese Ziele alle realisiert werden können
Indikatoren	– Mehrfache Problem- oder Zielnennung, die bei der Arbeit eine Rolle spielen – Unsicherheit, womit Gecoachter anfangen soll – Vereinfachte Vorstellung, mit x-Beliebigem anzufangen – das andere wird sich schon ergeben …
Vorgehen	Geschätzter Zeitaufwand ca. 15–30 Minuten 1. Sammeln der Daten und Fakten zur Problemsituation (bzw. zur Zielsituation) und auflisten der Kernpunkte. Diese Kernprobleme bzw. -ziele in einer überschaubaren Anzahl sollten voneinander inhaltlich unabhängig sein. Die Aussagen sind entweder alle Problemformulierungen oder beim Ziele-Netz Zielbeschreibungen. Wichtig ist auch eine möglichst präzise Formulierung. 2. Durchgehen der Zusammenhänge bzw. Abhängigkeiten *(siehe Beispiel 10)* 3. Herauslösen der wichtigsten aktiven bzw. abhängigen passiven Elemente nach dem Modell von F. Vester 4. Überlegungen zum Umgang mit dieser Gesamtsituation, eine Maßnahmenliste erstellen 5. Vorhaben zu einer Maßnahmen-Matrix zusammenstellen: Was mache ich? Wie? (bis) Wann? Mit wem?
Autor	Werner Vogelauer (in Anlehnung an F. Vesters Papiercomputer)
Weiterführende Literatur	F. Vester, Zeitschrift NATUR, Nullnummer 1980, S. 60ff

Beispiel 10: Ziele-Netz

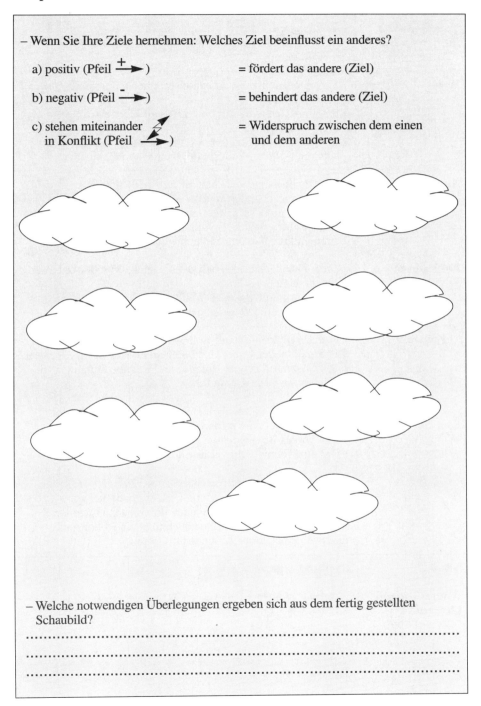

– Wenn Sie Ihre Ziele hernehmen: Welches Ziel beeinflusst ein anderes?

a) positiv (Pfeil $\xrightarrow{+}$)   = fördert das andere (Ziel)

b) negativ (Pfeil $\xrightarrow{-}$)   = behindert das andere (Ziel)

c) stehen miteinander in Konflikt (Pfeil ⇝)   = Widerspruch zwischen dem einen und dem anderen

– Welche notwendigen Überlegungen ergeben sich aus dem fertig gestellten Schaubild?
....
....
....

27 Thema	**Optionen in der Kommunikation**
Voraussetzung für den Coach	Grundkenntnisse der Kommunikationspsychologie und der Transaktionsanalyse (besonders der Ich-Zustände und Transaktionen)
Ziele	• Verschiedene Kommunikationsmöglichkeiten im Gespräch kennen lernen • Wahlmöglichkeiten für und mit dem Gecoachten herausarbeiten • Eine Gesprächssituation des Alltags in Zukunft in einer anderen Form wirkungsvoller weiterführen können
Ausgangssituation	Anhand von Gesprächsanalysen bzw. Erkenntnis zu bisherigen nicht zielführenden und unwirksamen Kommunikationsvorgängen sucht der Gecoachte nach Wegen aus der Schwierigkeit. Er will andere Möglichkeiten der Kommunikation erkennen, kennenlernen bzw. ausschöpfen.
Indikatoren	– Steht nach Gesprächsanalyse an, welche Möglichkeiten er nutzen könnte – Sucht (krampfhaft) nach Wahlmöglichkeiten, andere kommunikative Wege zu gehen
Vorgehen	Geschätzter Zeitaufwand ca. 20–30 Minuten Die Situation des Gecoachten dient als Basis für die Optionen. Nach Stephen Karpman gibt es vier Grundbedingungen zur Veränderung von Gesprächen: • Ein Ich-Zustand oder beide sind wirklich zu wechseln • Die Transaktion ist zu durchkreuzen • Das Thema ist zu ändern • Das alte Thema wird verlassen Anhand einer Gesprächssituation *(siehe Beispiel 11)* sollen die Möglichkeiten einer Kommunikation mit den vier Bedingungen von Karpman näher durchleuchtet werden. Die gefundenen Wege sollten auch über ein Rollenspiel praktisch eingeübt bzw. überprüft werden.
Autor	Stephen Karpman
Weiterführende Literatur	„Options", Stephen Karpman, TA-Journal, Nr. 1/1971, S. 79–87

Beispiel 11: Gesprächssituation nach S. Karpman

Ein Gecoachter („Chef") berichtet, dass er Probleme mit einem Mitarbeiter hat, aber nicht recht weiß, wie er mit der Situation in den nächsten Gesprächen umgehen kann. Der Mitarbeiter zeige ja Einsehen, aber das Gespräch habe nicht gewirkt. Der Zustand des Vergessens seitens des Mitarbeiters blieb.

Chef:	Sehen Sie, der Bericht ist nicht vollständig. (1)
Mitarbeiter:	Oh, tut mir Leid. Hab ich mal wieder etwas vergessen. (2)
Chef:	Nun, ich glaube ja nicht, dass sie das absichtlich machen. Ich habe extra noch darauf hingewiesen. (3)
Mitarbeiter:	Ich hab versucht, es mir zu merken. Doch ich hatte gerade zu diesem Zeitpunkt viele Anrufe und Anfragen … (4)

- Wie sieht die Kommunikationsstruktur aus?
- Wer wechselt welchen Ich-Zustand?
- Welche Transaktion ist zu durchkreuzen?
- Wie kann das „Thema" verändert werden?
- Wie kann das alte Thema verlassen werden?

Die Kommunikationsstruktur liegt auf der Ebene Chef/„nährendes Eltern-Ich" und der Ebene Mitarbeiter/„angepasstes Kind-Ich". Der Chef kann in den Erwachsenen-Ich-Zustand, ev. in den Kind-Ich-Zustand wechseln, bspw. durch „Wie können Sie das nächste Mal das Vergessen verhindern?" oder „Welche Möglichkeiten sehen Sie, dass dies das nächste Mal nicht mehr passiert?" und lädt den Mitarbeiter ein, in den Erwachsenen-Ich-Zustand zu gehen. Aus dem Kind-Ich kann es mehr spaßig, gefühlvoll oder juxend sein, wie etwa „geh, dass glaube ich Ihnen nicht, Sie merken sich doch im Sport …" oder „Versucht? Heh, wie geht denn das?"

Die Transaktionen („nährendes Eltern-Ich" an „angepasstes Kind-Ich" und retour) sind über die Erwachsenen-Ich-Ebene zu durchkreuzen (oder über die Kind-Ich-Ebene). Das Thema ist auf die Ebene „was tun" statt „geht leider nicht" zu ändern. Das alte Thema „ich bin so arm, ich merk mir's halt nicht" ist zu verlassen und ein neues Thema „du kannst es, was fällt dir an Möglichkeiten ein?", einzubringen.

28 Thema	**Passivitäts- und Aktivitätsstufen**
Voraussetzung für den Coach	Grundkenntnisse der Transaktionsanalyse (besonders die Cathexis-Konzepte zu Passivität, Abwertung, Symbiose und Redefinition) und der Persönlichkeitspsychologie
Ziele	• Herausfiltern der Gründe für nicht problemlösendes Verhalten • Erkennen von Inaktivität und den destruktiven Wirkungen • Herausarbeiten von passenden Aktivitäten zum Verlassen der erkannten Passivitätsstufe
Ausgangssituation	Der Gecoachte beschreibt (bei sich, bei anderen) in dem zu bearbeitenden Fall Situationen der Inaktivität und des Stillstandes verschiedenster Art (wie bspw. „Da habe ich dann nichts mehr getan" oder „Ich habe es genau so gemacht, wie man es mir angeschafft hat", aber auch „Ich bin richtig explodiert, habe ihn angeschrien, was er sich einbildet. Das war's auch dann." usw.
Indikatoren	Der Coaching-Kunde beschreibt für sich in der Problemsituation, wo es eigentlich um Lösungsfindung geht, „Inaktivität/Nichtstun" oder „Überanpassung", „Agitation" oder „sich bzw. andere unfähig machen, eine Lösung zu finden" in verschiedenster Form
Vorgehen	Geschätzter Zeitaufwand ca. 20–40 Minuten 1. Anhand des Beispiels nachfragen der konkreten „Inaktivitäten". 2. Seine Hypothesen zum Passivitätsmodell *(siehe Abbildung 28a)* überprüfen bzw. eventuell aufzeigen des Modells und seiner Wahrnehmungen 3. Einladung an den Gecoachten, zu überprüfen, ob das für ihn stimmt. 4. Der weitere Schritt kann ein Bewusstwerden des Gecoachten sein, dass ein derartiges Verhalten nicht problemlösend ist (und er aber das Problem lösen und andere Ergebnisse als die bisherigen möchte). 5. Dazu können die vier Aktivitätsstufen *(siehe Abbildung 28b)* eingefügt werden. Anhand dieser Möglichkeiten können zur Situation passende Aktivitäten und Verhaltensweisen als Gegenstück erarbeitet werden. 6. Diese sind als handlungsorientierte Schritte vom Coaching-Kunden zu formulieren (Transfer-check bzw. Rollengespräch).
Autor	A. u. J. Schiff (Passivität)/K. Allinger (Aktivität)
Weiterführende Literatur	The Cathexis-Reader: transactional analysis treatment of psychosis, Schiff, J. und Mitautoren, New York 1975 Passivity, A. und J. Schiff, TA-Journal, Nr. 1/1971, S. 71

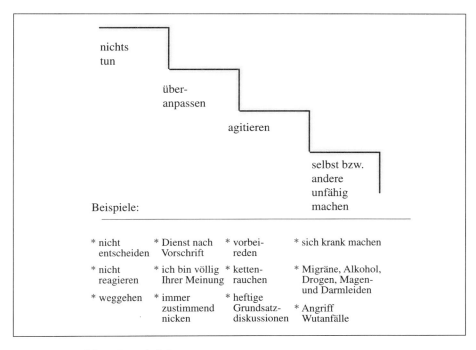

Abbildung 28a: Passivität

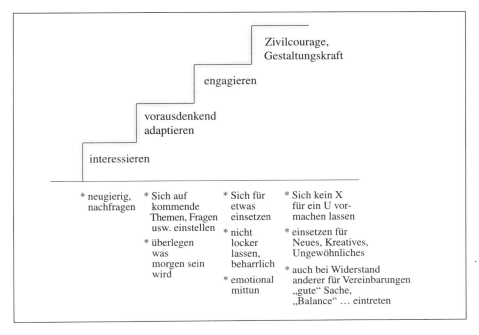

Abbildung 28b: Aktivität

29 Thema	**Peak-Experience/-Performance**
Voraussetzung für den Coach	Grundkenntnisse der Kommunikations- und Verhaltenspsychologie Erfahrungen mit Fantasiereisen bzw. Kenntnisse, wie mit (ev. danach auftretenden) körperlichen Wirkungen umzugehen ist
Ziele	• Körperliche und geistige Spitzenerlebnisse aus der Vergangenheit zugänglich machen und daraus Kraft für neue Aktivitäten schöpfen • Erarbeiten von in sich befindlichen Lösungskompetenzen bzw. von in jeder Person vorhandenen Potenzialen/Stärken
Ausgangssituation	Der Gecoachte erzählte von Situationen, die er nicht lösen kann und die er aber lösen müsste. Ihn beschäftigt die Situation, sie ist eventuell unangenehm bis nicht aushaltbar, und trotzdem hat er noch keinen Weg aus der schwierigen Lage gefunden. Auf Nachfrage nach ähnlichen Situationen in der Vergangenheit bejaht er dies bzw. bei näherem Beleuchten nach Kindheits-, Jugendzeit- oder auch Erwachsenen-Erlebnissen in früheren ähnlichen Situationen ergeben sich Hinweise auf erfolgreiche Lösungen.
Indikatoren	– Abwehr von Lösungswegen, besonders verhaltenbezogen, zumeist durch offene oder verdeckte Hinweise auf Angst – geringes Zutrauen zu sich selbst – Druck
Vorgehen	Geschätzter Zeitaufwand ca. 30–60 Minuten Entweder in Bezug auf das geschilderte Beispiel, noch besser mit zeitlicher Loslösung und gewisser Unabhängigkeit vom eingebrachten Fall kann die Einladung zu einer Übung erfolgen: Vorab der Hinweis, dass dies eine innere Reise in die Vergangenheit ist, die der Coaching-Kunde entweder bewusst durch Erzählen von damaligen (Erfolgs-) Situationen angehen kann oder die er als Traumreise mit (eventuell) geschlossenen Augen durchführen kann unter verbaler Anleitung des Coach *(siehe Beispiel 12)* Anschließend an die innere Reise wird das Gespräch auf die erfolgreiche Situation und auf die vom Gecoachten eingebrachten Verhaltensweisen, Kenntnisse, Fähigkeiten usw. gelenkt. Daraus wird eine Verbindung zur Situation hergestellt und gemeinsam erarbeitet, welche dieser Erfolgsmuster in der jetzigen Konflikt-Situation wie einsetzbar sind. Die gefundenen konkreten Muster werden entweder noch in einem Rollengespräch vertieft und verankert oder durch kritische Fragen auf Umsetzbarkeit und Haltbarkeit geprüft.
Autor	George Kohlrieser, adaptiert von Werner Vogelauer

Beispiel 12: Anleitung zur inneren Reise

Einleitung: Entspannt werden (bspw. lassen Sie all die Gedanken, die da sind, vorbeiziehen, achten Sie auf den gleichmäßig gehenden Atem, wie er kommt … wie er geht … holen Sie einige Atemzüge tief Luft und atmen Sie tief ein und aus … usw.) bis das Gefühl der Entspanntheit eintritt.

In entspanntem Zustand dann die Reise in die Vergangenheit antreten, und zwar: „Erinnern Sie sich an ein Spitzenerlebnis, eine Spitzenleistung von sich …

a) wie etwa im Kindergarten/in der Volksschulzeit …

b) wie bspw. aus der Mittelschulzeit/in der Lehrlingszeit …

c) wie etwa in den ersten Berufsjahren, Studentenjahren …

Lassen Sie sich ein Bild von dieser Situation vor dem inneren Auge aufsteigen und schauen Sie es in Ruhe an. Nehmen Sie wahr, was Sie darauf sehen. Welche Personen, Bewegungen, Umgebung, Farben, was an Hörbarem da ist …

Fühlen Sie das Glücks- oder Hochgefühl von damals …

Was war besonders bedeutsam?

Wo ist das geschehen?

Was taten Sie? … Wie haben Sie das gemacht, zustande gebracht? … Was an Verhalten, Eigenschaften, Fähigkeiten von Ihnen hat zum Erfolg geführt? … Was war Ihr Erfolg?

Genießen Sie die Szene von damals und den Erfolg. Nehmen Sie dann die für Sie wichtigen Dinge von damals auf die Reise hierher zurück mit … Setzen Sie sich in den Zeitreise-Zug mit Ihrem Erfolgsgepäck … und wenn Sie hier wieder angekommen sind, dann öffnen Sie die Augen.. (Bewegung, Kraft in Körper zurückholen …).

Dann führen Sie erst das Gespräch weiter *(siehe Vorgehen)*

30 Thema	**Pentagon-Modell zur Problemklärung und Zielbildung**
Voraussetzung für den Coach	Analytisches und logisches Verständnis Professionelle Arbeit mit Fragetechniken
Ziele	• Situationen integrativ bearbeiten • Problemklärung durch strukturiertes Vorgehen • Zielbildung durch ganzheitliche Situation erarbeiten
Ausgangssituation	Problembeschreibungen des Kunden sind vorhanden, eine „Durchsicht" (Diagnose) kann er jedoch nicht vornehmen. Ihm fehlt eine (klare) Problemdefinition zur Verbesserung oder Lösung der Situation. Der Gecoachte will eine Veränderung, findet jedoch nur sporadisch zu einem Weg in Richtung Lösung.
Indikatoren	– Sprunghafte Ausgangsbeschreibung – Chaotische Problemsituation – Unternommene, aber untaugliche Lösungsversuche

Vorgehen	Geschätzter Zeitaufwand ca. 20–30 Minuten
	Das Pentagon-Modell kann als Hintergrund-Modell bei den folgenden Fragen mitgedacht werden *(siehe Abbildung 29)* oder auch dem/der Kunden/in gegenüber dargestellt werden.
	• **Ausgangssituation**
	   Was ist Ihre Frage, Ihr Problem …? (beschreiben Sie es bitte in 2 Sätzen)
	• **Problembeschreibung**
	   Beschreiben Sie die Situation aus Ihrer Sicht. Was sind die Kernpunkte? Was stört Sie? …
	• **Zielorientierung**
	   Was möchten Sie in Zukunft haben bzw. erreichen? Wie sieht die Situation aus, wenn Sie aus Ihrer Sicht gelöst ist?
	• **Hinderungsgründe**
	   Was könnte Sie daran hindern, das Ziel/den Zukunftszustand zu erreichen? Wie könnten Sie sich selbst sabotieren? …
	• **Bisherige Lösungsversuche**
	   Was haben Sie bisher unternommen, damit das Problem gelöst ist/die Situation verändert wird?
	• **Weiterer Weg: Lösungsarbeit**

Autor	Werner Vogelauer
Weiterführende Literatur	Coaching-Praxis, Werner Vogelauer, Wien 1998

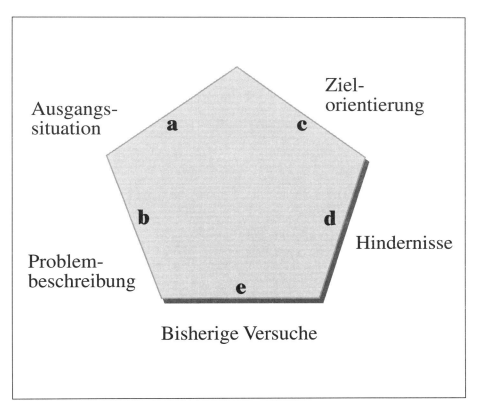

Abbildung 29: Pentagon-Modell

31 Thema	**Problemlösungs-Schlaufe ("Lemniskate")**
Voraussetzung beim Coach	Analytische Fähigkeiten Prozessdenken Grundkenntnisse in Problemlösung (sachlich wie psychologisch)
Ziele	• Bewusst machen der Situation im Problemlösungsprozess • Herausfinden der Teile, die im Problemlösungsprozess ausgelassen wurden und wichtig sind • Erarbeiten der zum Problem/zur Frage passenden Schritte im Problemlösungsprozess • Zusammenhänge der Schritte im Problemlösungsprozess finden, um zu passenden Ergebnissen zu kommen
Ausgangssituation	Durch die Beschreibung der Situation des Gecoachten wird sichtbar, dass die Arbeit am Problem als "sprunghaft" zu charakterisieren ist. Irgendwie steckt die Problemlösung, und es scheint nicht klar zu sein, wo.
Indikatoren	– Zufällige Problembearbeitung – Sprunghafte Bearbeitung (von der Problembeschreibung gleich zur Lösung oder von der Diagnose gleich zur Entscheidung u. ä. m.) – Die Problemlösung kommt nicht weiter
Vorgehen	Geschätzter Zeitaufwand ca. 30–60 Minuten 1. Gecoachter beschreibt Situation 2. Gezielte Fragen des Coach zum besseren Verständnis der Situation (als Hintergrund kann die Problemlösungs-Lemniskate *siehe Abbildung 30)* genutzt werden 3. Spiegeln der Situation (eventuell mit Hilfe der Problemlösungs-Schlaufe) 4. Je nach Situation durchgehen des Problemlösungsprozesses im Ganzen oder in den noch notwendigen Teilschritten 5. Gecoachter findet anhand des Prozesses selbst seinen Weg zur Problemlösung und Umsetzung; konkretisieren der Maßnahmen und aktiven Schritte hin zur Problemlösung/Entscheidung
Autor	Hans von Sassen
Weiterführende Literatur	Coaching-Praxis, Werner Vogelauer, Wien 1998, S. 86

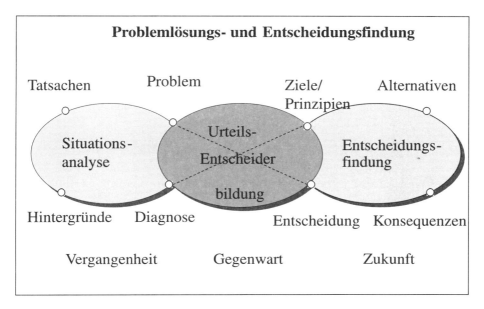

Abbildung 30: Problemlösungs-Lemniskate

Begriffsinhalte zu Abbildung 30 – Problemlösungs-Schlaufe

Tatsachen:
Zugang zu Tatsachen entsteht durch „wahrnehmen" und „überprüfen". Dabei wird sichtbar, was objektiv gegeben oder geworden ist – wie Dinge, Mittel, Daten, Zahlen, Abläufe, Gewohnheiten, Regeln, Strukturen und dergleichen bzw. was subjektiv vorhanden ist, wie Informationen (auch lückenhafte), Meinungen (auch Irrtümer), Gefühle, Beziehungen usw.

Hintergründe:
Zugang zu Hintergründen erfolgt durch „Hinterfragen" z. B.: Was besagt dieses Bild, wovon ist es ein Ausdruck? Was ist typisch, merkwürdig in dieser Situation, Organisation, Projekt usw.? Warum ist es so gekommen, geworden. Durch welche Entscheidungen, Einrichtungen usw. in der Vergangenheit kam es dazu?

Diagnose:
Die Diagnose ergibt sich durch Zusammenschau der für die Entscheidung relevanten Tatsachen, Zusammenhänge und Hintergründe sowie des wesentlichen Problems und der daraus hervorgegangen sekundären Probleme und Symptome, für die Lösungen zu suchen sind.

Urteilsbildung:
Mit der „Urteilsbildung" ist hier insbesondere gemeint: Bildung von „Werturteilen". Ein Urteil im weiteren Sinne ist eine Aussage entweder darüber: was ist, was ich vorfinde und konstatiere oder welche Bedeutung das für mich hat, wie ich es erlebe, welche Gefühle es bei mir auslöst, was es mir wert ist oder was zu tun ist, was ich ändern will.

Prinzipien:
Die Entscheidungssuche geht von der Frage aus: Welches Leitbild, welche Prinzipien und Ziele wollen wir dieser Entscheidung zugrunde legen? Nach einer Diagnose sind diese Fragen nicht mehr fern. Hier wurde nämlich klar, welche (impliziten) Prinzipien und Ziele zur bisherigen Arbeitsweise, Struktur, Einrichtungen usw. geführt haben.

Alternativen:
Die Suche nach und Bearbeitung der Alternativen kann wie folgt verlaufen: Aussprechen, Sammeln und Notieren der möglichen Alternativen, ohne diese zu bewerten und zu diskutieren.
Jede Alternative anhand der Prinzipien und Ziele überprüfen. Eliminiert werden diejenigen, die die prinzipiellen Kriterien deutlich nicht erfüllen.
Zu jeder der übrigen Alternativen die möglichen Folgen erörtern.
Die Grenze der Fakten kann man nicht überschreiten, die der Prinzipien will man nicht überschreiten. Zwischen diesen Grenzen befinden sich die Alternativen, für die Vor- und Nachteile abzuwägen sind.

Konsequenzen:
Der Prozess der Entscheidungssuche ist eigentlich ein Pendeln zwischen Alternativen, Prinzipien und Konsequenzen

Entscheidung:
Die Auswahl aus den Alternativen, mit dem Diagnose-Hintergrund und der Einbeziehung der Konsequenzen. Entscheidung ist das bewusste Trennen von Nichtgewolltem, Nichtpassendem aus der Gesamtsicht.

32 Thema	**Ressourcen-C.H.E.C.K.**
Voraussetzung für den Coach	Kenntnisse der Kommunikationspsychologie, der Fragetechnik, des positiven Denkens, von Kreativitätstechniken und Emotionspsychologie
Ziele	• Innere „Hilfsmittel" des Coaching-Kunden zutage fördern und für seine Situationsbearbeitung nutzbar machen • Kern-Ressourcen für die Situationsbearbeitung erkennbar machen
Ausgangssituation	Der Coaching-Kunde hat nach der Situationsbeschreibung auch die nötigen Hintergründe und Ursachen der Situation ausgelotet. Was ihm fehlt, sind neben den Alternativen besonders seine Stärken und inneren Ressourcen, diese Situation zu verändern bzw. die Maßnahmen wirksam umzusetzen.
Indikatoren	– Unklarheit über eigene Stärken – Fehlende Kenntnis seiner inneren Ressourcen und Hilfsmittel – Hängenbleiben des Gecoachten in den Problemen bzw. in dem, was nicht geht
Vorgehen	Geschätzter Zeitaufwand ca. 20–30 Minuten 1. Situationsbeschreibung und Hintergründe ermitteln, eventuell auch Alternativen und Möglichkeiten zur Situationslösung zusammentragen 2. Vorbereitung der Umsetzung und Klären der Maßnahmen und Verhaltensweisen des Gecoachten bspw. durch Fragen klären, wie der Coaching-Kunde die Maßnahmen anzugehen gedenkt oder Fragenraster zum Ressourcen-CHECK *(siehe Beispiel 13)*
Autor	Werner Vogelauer

Beispiel 13: Fragenliste/Arbeitshinweise zum Ressourcen-CHECK

C – Change

Was möchten Sie verändern?
Wie können Sie sich ein verändertes Verhalten vorstellen?
Wie sieht das aus und wie leicht wird es Ihnen fallen?
Was steht gegen dieses neue Verhalten?
Wird diese Veränderung auch die geplante Lösung/Maßnahme unterstützt?

H – helfen, human sein

Wie bringen Sie Ihr Vorhaben/Thema in der entsprechenden Beziehung, in den Kontakten zu den betroffenen Personen ein?
Wie achten Sie auf kooperatives, empathisches Verhalten, das auch für Sie und Ihre persönliche Situation passt?
Wie können Sie Ihre Fähigkeiten, Fertigkeiten oder Kenntnisse der/den anderen zur Verfügung stellen?

E – effektiv und emotional

Was ist die wirkungsvollste Form des Handelns?
Wie leicht/schwer fällt es Ihnen innerlich, dies zu tun?
Wie stehen Sie emotional dahinter?
Was spüren Sie, wenn Sie an die zukünftige Situation denken?

C – Chancen

Was können Sie durch dieses neue Verhalten, diese neuen Aktivitäten erreichen?
Was kann und wird es Ihnen bringen?

K – kreativ und konkret

Nutzen Sie Ihr Ideenpotenzial …, was fällt Ihnen noch alles zu … oder zu … ein.
Fassen Sie das Verhalten/das Vorhaben in konkrete Worte und beantworten Sie die 6-W-Formel: was, wer/mit wem, wo, (bis) wann, wie, warum.

33 Thema	**Rolle und Erwartungsklärung**
Voraussetzung für den Coach	Grundkenntnisse über Coaching und seine Beziehungsstrukturen sowie in Kommunikationspsychologie und Gesprächsführung
Ziele	• Erwartungsklärung zwischen Coaching-Kunden und Coach • Eigene Rollenüberprüfung für den Coach • Konkretisieren von wichtigen Punkten für den späteren Gesprächsprozess
Ausgangssituation	Am Anfang eines Coaching-Gesprächs sind für den Kunden und auch den Coach wesentliche Coaching-Aufgaben entweder in den Köpfen vorhanden – und werden nicht ausgesprochen – oder es werden Annahmen und Vermutungen in das Gespräch einfließen. Ein Problem besteht, wenn der Coach oder der Coaching-Kunde seine Erwartungen an bestimmte Aufgaben, Beziehungsthemen oder Ablaufpunkten nicht anspricht oder auf den Tisch legt.
Indikatoren	– Unklare Ausgangssituation über wesentliche Verantwortlichkeiten im Coaching-Prozess – Vermutungen über die Rolle des anderen werden geäußert – Sehr rascher Beginn eines Coaching-Gesprächs – Aussagen von beiden Gesprächspartnern „es ist ja alles klar", „ich glaube, Sie wissen, worum es im Coaching geht …" oder „ich weiß, was von einem Coaching zu erwarten ist …"
Vorgehen	Geschätzter Zeitaufwand ca. 15–20 Minuten 1. Erste Schilderung des Coaching-Kunden, vielleicht auch Problemstellung und Zielvorstellungen sowie abklären erster Rahmenbedingungen für das Coaching-Gespräch 2. Neben der Inhaltsklärung ist die Besprechung der Art und Weise des Gesprächs (Prozessklärung) sowie der Gesprächsgestaltung und Verantwortungsteilung (Beziehungsklärung) ein wichtiger Anfangsteil jedes Coaching-Gesprächs *(siehe Beispiel 14)* 3. Adaptierung und Vereinbarung der genannten Teile des Coaching-Prozesses 4. Beginn des inhaltlichen Coaching-Gesprächs
Autor	Werner Vogelauer nach Megginson/Boydell
Weiterführende Literatur	A Manager's Guide to Coaching, P. Megginson/Boydell T., London 1979

Spalte A Verantwortung des Coach	Spalte B Coaching-Aufgabe	Spalte C Verantwortung des Coaching-Kunden
	Gelegenheit erkennen | 1 | 2 | 3 | 4 | 5 |	
	Möglichkeiten der Unterstützung auffinden | 1 | 2 | 3 | 4 | 5 |	
	Ziele festlegen | 1 | 2 | 3 | 4 | 5 |	
	Arbeitsergebnis überprüfen | 1 | 2 | 3 | 4 | 5 |	
	Unterstützung sichern | 1 | 2 | 3 | 4 | 5 |	
	Neue Themen/Ziele aufgreifen | 1 | 2 | 3 | 4 | 5 |	
	Lernprozess evaluieren | 1 | 2 | 3 | 4 | 5 |	

Legende:
1 und 5 = ausschließlich
2 und 4 = jeweils Initiative und Steuerung
3 = beide nehmen Initiative, Überprüfung, wenn wichtig

Abbildung 31: Erwartungsklärung zwischen Coach und Coaching-Kunde

Beispiel 14: Leitfaden für die Begriffsinhalte

1. Die Gelegenheit erkennen
Anhand gewöhnlicher Tagesarbeit, wie auch bei speziellen Aufgaben kann der Coaching-Kunde unterstützt werden. Der Coaching-Prozess beginnt mit der Klärung der Gelegenheit, wo Unterstützung nötig ist, wahrgenommen und ergriffen wird.

2. Möglichkeiten der Unterstützung auffinden
Wer kann wobei helfen? Wer soll Initiative ergreifen, um Maßnahmen bzw. Aktivitäten zu erarbeiten?

3. Ziele festlegen
Zu Beginn des Coaching-Prozesses werden die Probleme und Themen in Zielformulierungen umgesetzt. Ziele können auf vielerlei Weisen formuliert werden. Mindestens zwei sind auseinanderzuhalten: detaillierte, überprüfbare Soll-Ergebnisse und Leitideen. Beide können überlegt und festgelegt werden. Wie verteilt sich Initiative und Verantwortung zu Zielformulierung und -festlegung?

4. Arbeitsergebnis überprüfen
Bei diesem Schritt ist es insbesonders wichtig, auf das zu achten, was Schwierigkeiten gemacht oder gebracht hat. Wer ergreift die Initiative zur Evaluierung der Umsetzungen? Welche Verantwortung hat der Coach bzw. Coaching-Kunde bei der Überprüfung von umgesetzten Coaching-Zielen?

5. Unterstützung sichern
Welche Hilfe die beste ist, hängt vom jeweiligen Bedarf ab. Es kann sich dabei sowohl um Tun als auch um Unterlassen handeln. Welche Art von Unterstützung soll vom Coach kommen und wie? Welche kann der Coaching-Kunde selbst setzen?

6. Neue Themen/Ziele aufgreifen
Die entscheidende Frage beim Coaching-Prozess ist, ob neue Gesichtspunkte, Ergebnisse und Erfahrungen nur neue Themen oder Ziele ergeben. Soll das Vereinbarte fix aufrecht bleiben, Neues einfließen oder auch Ziele ändern? Wer greift dies auf? Wer entscheidet darüber? Nur durch die Praxis erfährt sich die Person als lernend und wachsend.

7. Lernprozess evaluieren
Um den Lernprozess bewerten zu können, ist als erster Schritt die Zielsetzung und die Beschreibung der Umsetzung nötig. Wer setzt welche Bewertungen? Was kann/soll der Coach tun? Was kann/soll der Coaching-Kunde dazu an Verantwortung übernehmen?

34 Thema	**Situationsanalyse**
Voraussetzung für den Coach	Methodisch-analytische Kenntnisse Fachliche Kenntnisse des zu bearbeitenden Themas
Ziele	• Durchleuchten der eingebrachten Situation zur Erkennung neuer (lösungsorientierter) Gesichtspunkte • Neue Erkenntnisse des Coaching-Kunden durch anderes Herangehen an die Situation • Durch (ungewöhnliche, noch nicht gestellte) Fragen an den Coaching-Kunden die Diagnose der Situation zu unterstützen
Ausgangssituation	Der Coaching-Kunde kommt mit einer Situation, die er gerne mit dem Coach zur Klärung besprechen möchte. Er findet zu keinem rechten Durchblick der Situation bzw. weiß nicht recht, „was läuft". Der Gecoachte kommt nicht so recht weiter, findet keine „Lösung".
Indikatoren	– Selbstblockade des Coaching-Kunden beim Hinterfragen (immer gleiche Antwort) – Fehlende Möglichkeit zum Hinterfragen, klebt an den äußerlich sichtbaren Symptomen der Situation – Verworrene Beschreibung, zu viele Aspekte sind miteinander beim Gecoachten verflochten

Vorgehen	Geschätzter Zeitaufwand ca. 30–40 Minuten
	1. Beschreibung seitens des Gecoachten
	2. Modell Situationsanalyse
	   (a) nach Hans von Sassen *(siehe Beispiel 15 und Abbildung 32)* bzw.
	   (b) nach Werner Vogelauer *(siehe Beispiel 16 sowie Abbildung 33)*
	3. Diagnose des Coaching-Kunden und Fokus auf die Hauptelemente der Situation/des Problems

Autor	Hans von Sassen, Werner Vogelauer

Beispiel 15: Situationsanalyse (Hans von Sassen)

Die Situationsanalyse lässt sich in drei Schritte unterteilen:

1. Wie wird die Situation, das Problemfeld erlebt?
Die verschiedenen Ansichten, Meinungen, Gefühle und Wahrnehmungen werden explizit gemacht und festgehalten. Gut ist, Sichtweisen von anderen Personen „mit dabei" zu haben. Die abschließende Zusammenfassung soll das Problembewusstsein schärfen.

2. Wie ist die Situation in Wirklichkeit?
Bestimmte Vorgänge werden systematisch untersucht, wie sie im Alltag verlaufen. Beispielsweise auf welche Tätigkeiten verteilt sich die Arbeitszeit, wie werden Dinge erledigt usw.? Eigentliche Probleme schälen sich heraus.

3. Welche Grundsätze liegen diesem Bild zugrunde?
Allen Tatsachen, Gewohnheiten usw. liegen gewisse Motive (Absichten) und Auffassungen (Prinzipien) zugrunde. Diese Prinzipien sind zumeist unbewusst geworden, aber dennoch wirksam. Durchschaut man derartige Hintergründe genügend, hat man eigentlich erst ein vollständiges Bild der Situation. Daraus kann sich für Veränderungen und Maßnahmen der erste Ansatzpunkt ergeben, aus dem dann praktische Handlungsüberlegungen kommen.

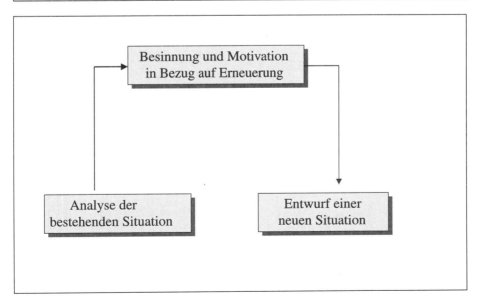

Abbildung 32: Situationsanalyse

Beispiel 16: Situationen bearbeiten

Um eine Situation gut zu bearbeiten, kann ich vier wesentliche Schritte in diesem Prozess gehen:

1. Situations- oder Problembeschreibung
Formulieren Sie in ein bis max. zwei Sätzen den Kern des Problems aus Ihrer Sicht.

2. Ursachen und Hintergründe
Ausgehend vom Kern können Sie durch Nachfragen Hintergründe ermitteln. Manchmal kann es sinnvoll sein, mit der Frage „Was hat dazu geführt, dass ... entstanden ist?" nochmals tiefer zu gehen. Ausgehend von der Maxime, dass ein Problem nie alleine eine Ursache kennt, sonst wäre es schon längst gelöst, ist es wichtig die mehrfachen Ursachen des Problems aufzulisten (in überschaubarer Form).

3. Ideen und Lösungsmöglichkeiten
Der nächste, kreative Schritt geht die Ursachen ein. Sie können mit brainstorming, brainwirting o. ä. kreativen Methoden Ideen zusammentragen, die zu den jeweiligen Ursachen passen und diese möglichst aufheben. Wenn es Ideen gibt, die mehrere Ursachen aufheben können, um so besser.

4. Widerstände gegen Lösungen
Bevor es ans Umsetzen von Ideen geht, ist es ratsam, die Widerstände, Einwände oder Gegenargumente zu sammeln. Diese können aus der Umgebung kommen, können aber auch in mir selbst begründet liegen. Eine ehrliche Auseinandersetzung kann hier sehr hilfreich für die wirkliche Lösung sein.

5. Nach der Sammlung der Widerstände kann als fünfter Schritt das Abgleichen mit realistischen bzw. illusionistischen Ideen erfolgen.
Es können Maßnahmen überlegt werden, wie die Widerstände zu reduzieren oder auszuschalten sind. Erst die Kombination von Ideen, die der Coaching-Kunde aus innerer Überzeugung anwenden will („ich will ...") und den Maßnahmen gegen behindernde Widerstände machen den Weg frei zu einer wirklichen Lösung.

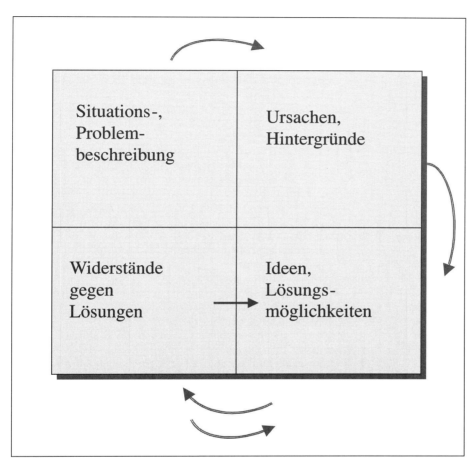

Abbildung 33: Schritte zur Situationsbearbeitung

35 Thema	**Selbstverantwortung und OK-Positionen**
Voraussetzung für den Coach	Grundkenntnisse der Verhaltenspsychologie und der Transaktionsanalyse, besonders der Grundhaltungen (E. Berne) und OK-Positionen (F. Ernst)
Ziele	• Erkennen der eigenen Grundhaltung und ihrer Wirkung in den beschriebenen Situationen • Kennenlernen von Möglichkeiten, für sich selbst Verantwortung zu übernehmen (anhand der Kenntnis der Gesamtsituation) • Beziehungen besser wahrnehmen und seine Grundhaltung verändern können
Ausgangssituation	Der Coaching-Kunde kommt und erzählt von Situationen, in denen er mit sich und/oder anderen sehr unzufrieden ist, ärgerlich ist, massive Probleme hat. Die Art, wie er mit sich bzw. anderen gedanklich im Coaching umgeht, zeigt keine Lösungswege, sondern eher Verfestigungen und Blockaden
Indikatoren	– Mit sich und/oder anderen destruktiv umgehen – Fixierte Lösungs-Muster (besonders für Gespräche und Beziehungen) – Starke Gefühlsausdrücke
Vorgehen	Geschätzter Zeitaufwand ca. 20–40 Minuten 1. Situationsbeschreibung des Klienten 2. Nachfragen, um verschiedene Haltungen zu sich bzw. zu anderen Personen, die gar nicht direkt beteiligt sein müssen herauszukristallisieren. Im Hintergrund kann dabei das OK-Corral nach F. Ernst als Modell zur Hypothesenabprüfung berücksichtigt werden *(siehe Abbildung 34)*. 3. Angebot der Darstellung des Modells mit kurzer Einleitung und dem Hinweis: „Ich möchte Ihnen ein Konzept zum Verständnis Ihrer Situation anbieten, mit dem wir schauen können, welche Lösungswege und Möglichkeiten sich daraus ergeben ..." 4. Erhaltene Informationen zurückspiegeln mit dem Vorschlag, dass der Coaching-Kunde sie selbst anhand der Modell-Informationen zuordnet. Eventuell können Zusatzfragen und Hinweise diese Einschätzung erleichtern. 5. Was nehmen Sie nun wahr? Was ergeben sich durch diese Haltungen an weiteren Wirkungen bzw. Ergebnissen? Ist das Ihr Wunsch bzw. glauben Sie damit, die Lösung zu erreichen? 6. Herausarbeiten von Möglichkeiten der Haltungsänderung und konkreter Verhaltensweisen bzw. Aktivitäten zur Verwirklichung dieser Haltungsänderung im Alltag und für die genannte Situation

Autor	E. Berne, F. Ernst
Weiterführende Literatur	Principles of group treatment, E. Berne, New York, 1966 (deutsch: was sagen Sie, nachdem Sie Guten Tag gesagt haben?, E. Berne, Frankfurt am Main 1983), The ok-corral: the grid for get on with, F. Ernst, TA-Journal (TAJ), Nr.1/1971, S. 4 f.

Du bist o.k.

Handlung: **weg von ...** Ergebnis: **Ich bin nicht o.k., aber Du bist o.k.** (depressive Position)	Handlung: **aktiv werden ...** Ergebnis: **Ich bin o.k. und Du bist auch o.k.** („gesunde" Position)
Handlung: **nirgendwo hin ...** Ergebnis: **Ich bin nicht o.k., Du auch nicht** (Zwecklosigkeitsposition)	Handlung: **jemanden loswerden ...** Ergebnis: **Ich bin o.k., aber Du bist nicht o.k.** (paranoide Position)

Ich bin nicht o.k. — Ich bin o.k.

Du bist nicht o.k.

Abbildung 34: OK-Corral (F. Ernst)

36 Thema	**Strategieüberprüfung und -entwicklung**
Voraussetzung für den Coach	Denken in Prozessen und längerfristigen Zeitverläufen Inhalt des Coachings anhand von Zielen und ersten Problembeschreibungen möglichen Arbeitszeiten zuordnen können Eigene gute Zeitplanung und Zeitgestaltung
Ziele	• Übersicht für Coaching-Kunde und Coach zum Vorgehen schaffen • Kernpunkte des Coaching in einen zeitlichen und inhaltlichen Prozess zu formen • Kalkulierbare Vorgehensweise und dadurch Flexibilität im Coaching-Prozess schaffen • Vorgehenswege in der Balance zwischen Kundenwunsch und Coach-Verständnis bewusst machen und vereinbaren
Ausgangssituation	In jedem Coaching wird am Anfang mit den Ausgangssituationen, Problembeschreibungen und Kernzielen eine Orientierung gelegt, die dem Coaching-Prozess bewusst oder unbewusst zugrunde gelegt wird. Dieser ist zeitlich mit akzeptablen Bandbreiten zu kalkulieren, um den Kunden zeitliche und finanzielle Orientierungshilfen geben zu können. Wichtig dabei scheint, dass der Coach sich nicht auf eine Unzahl von Zielen, undeutlichen bzw. mehrdeutigen Problembeschreibungen einlässt, auch eine Vorstellung bzw. Plan für den Zeitrahmen hat und wie dies vom Coaching-Kunden, bzw. vom Coach eingehalten werden kann.
Vorgehen	Geschätzter Zeitaufwand ca. 20–40 Minuten 1. Beschreibung des Coaching-Kunden und schriftliche Notiz des Coach 2. Angebot die Strategie anhand der *Abbildung 35a oder Abbildung 35b* bspw. zu überprüfen (siehe genaueres *Beispiel 17*) 3. Rückmeldung an den Coaching-Kunden über Vorgehensweise bzw. Alternativen, voraussichtliches Zeitbudget und damit Kostenkalkulation inkl. eines zeitlichen Reservespielraums (ca. 10–30 Prozent der Gesamtzeit) 4. Zustimmung bzw. Vereinbarung für dieses Vorgehen
Autor	Hans von Sassen, Don Binsted/Robin Snell, Werner Vogelauer
Weiterführende Literatur	Binsted Don/Snell Robin, The Tutor-Learner Interaction, Management Development, Part I–V, in: Personell Review, Jahrgang 10 und 11, Hefte 3/81, 4/81, 1/82, 2/82 und 4/82

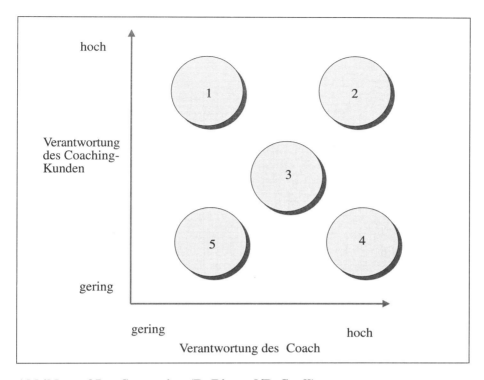

Abbildung 35a: Strategien (D. Binsted/R. Snell)

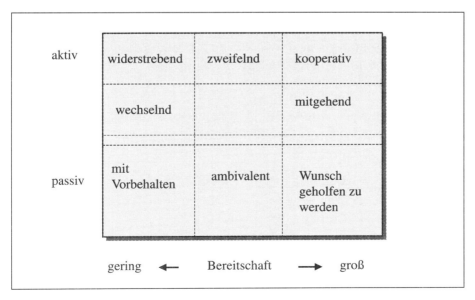

Abbildung 35b: Strategische Aspekte (H. v. Sassen)

Beispiel 17: Strategisches Vorgehen

> Das strategische Vorgehen bestimmt Interventionen und wird aus Beobachtung und Einschätzung gebildet. Da der Coaching-Kunde in seinem Problemlöseverhalten, seiner Entwicklung o. ä. unterstützt werden soll, ist eine Kampf- oder Unterhandlungsstrategie nicht sinnvoll. Die Kooperation ist ein wirksames Vorgehen, wobei Binsted/Snell je nach Verantwortlichkeit noch eine „Unabhängigkeits-Strategie"(1), eine Kompromiss-Strategie" (3), eine „Behüter-Strategie" (4), eine „Reziprok-Strategie" (2) und eine „Floating-Strategie" (5) anführen *(siehe Abbildung 35a)*.
>
> Anhand der Hauptverantwortlichkeit des Inhalts durch den Coaching-Kunden und der Ablaufverantwortung des Coaching durch den Coach sind die Reziprok-Strategie der wechselseitigen Einflussnahme, die Unabhängigkeits- und die Kompromiss-Strategie wahrscheinliche Wege.
>
> Wesentlich beim strategischen Planen ist, ob die Bereitschaft des Gecoachten, sich auf das Coaching einzulassen, relativ hoch oder gering ist bzw. ob der Coaching-Kunde mehr oder weniger aktiv oder passiv auf die Coaching-Situaton und die zu besprechenden Punkte eingeht. Die *Abbildung 35b* zeigt mögliche strategische Aspekte anhand der Coaching-Kunden-Situation auf:
>
> Wenn die Einstellung des Gecoachten vertrauensvoll, kooperativ und offen ist, wird die erste Gesprächsphase relativ kurz sein können. Andernfalls wird die Arbeit an der Aktivierung und Bereitschaft des Coaching-Kunden aufwändiger sein.
>
> Für die inhaltliche und zeitliche Kalkulation spielt die Art und Weise des Gecoachten, sich einfach, kurz bzw. umständlich, langatmig usw. auszudrücken ebenfalls eine Rolle.
>
> Die Frage nach Sicherheit, nach Gründlichkeit bei Wissen, Funktionieren oder der Entwicklung von Maßnahmen ist ein zu berücksichtigender Aspekt im strategischen Vorgehen.
>
> Ein weiterer Einfluss beim Vorgehen stellt die Art und Weise des Gecoachten dar, rasch Ideen, eigene Vorhaben aufzugreifen und zu konkretisieren bzw. langsam und mit einer Menge von Ausreden, Widerständen oder „Spielen" auf Inhalte zu reagieren.

Um einen guten Coaching-Prozess durchzuführen, ist es angebracht, sich Zeit für Bewusstseinsbildung und -erweiterung durch Situationsanalyse, Hintergründe und Diagnose zu nehmen. Dazu gehören auch Erkenntnissuche, Abwägeprozesse und Lernprozesse.

In einer späteren Phase braucht die strategische Vorgehensweise Zeit für Entscheidungsfindung und Urteilsbildung, für das Herausdestillieren von Alternativen und Abwägen der Wege. Zusammenhänge sind in dieser Phase ebenfalls wichtig, aber zeitlich zu berücksichtigen.

Für den Gesprächsprozess ist der Zeit-Anteil des Gecoachten, reden, laut denken und überlegen sowie Ideen entwickeln zu können, sehr wichtig.

37 Thema	**Spiele und manipulative Gesprächsmuster**
Voraussetzung für den Coach	Grundkenntnisse der Verhaltenspsychologie der Transaktionsanalyse, besonders des Spiele-Konzepts, der Transaktionen und Persönlichkeitsmuster von Personen sowie des Zuwendungs-, Maschen- und Skript-Modells Gute Fähigkeiten und Fertigkeiten mit manipulativen Gesprächsmustern direkt bzw. methodisch umgehen zu können
Ziele	• Erkennen von eigenen bzw. fremden destruktiven Rollen in Gesprächen • Ablauf von manipulativen Mustern erkennen und verändern können • Einstiegs"köder" und eigene „Haken" dazu herausfinden und konstruktive Möglichkeiten erarbeiten • Veränderungsmöglichkeiten für konstruktive, problemlösende Verhaltensweisen erstellen (und erproben) • Dahinterliegende Bedürfnisse von mir bzw. anderen aufspüren und bearbeiten und damit destruktive Gesprächsmuster verändern können
Ausgangssituation	In der Beispielssituation des Coaching-Kunden oder in den Verhaltensweisen im Gespräch zeigen sich manipulative Muster wie „ausspielen/ austricksen", „den/die andere(n) in etwas hineinlassen", „etwas (versteckt) durchsetzen" u. ä. m.
Vorgehen	Geschätzter Zeitaufwand ca. 30–60 Minuten 1. Situationsbeschreibung des Kunden 2. Hinterfragen der Situation mittels des Drama-Dreiecks *(siehe Beispiel 18 und Abb. 36a)*, der transaktionsanalytischen Gesprächsmuster *(siehe Beispiel 19 und Abbildung 36b)* oder der Spiele-Formel von Eric Berne *(siehe Beispiel 20)*. Diese Modelle können offen gelegt werden und gemeinsam die Situation durchgegangen werden. Eventuell können auch Angebote von Hypothesen erfolgen. 3. Diagnose: Was wird sichtbar, ist erkennbar? Was davon stört, ist behindernd bzw. nicht gewollt? 4. Veränderungsmöglichkeiten: Auf welche Einstiegssignale kann ich anders antworten? Wie? Welche Haken in mir kann ich in welcher Form anders sehen/definieren? Welche Erlaubnis kann ich mir geben? 5. Übungssetting: Rollengespräch zum Lösungsvorhaben (verstärken des neuen inneren Musters bzw. herausarbeiten noch eventueller Knackpunkte, an denen der Coaching-Kunde hängt und an diesen noch weiterarbeiten)
Autor Weiterführende Literaturhinweise	Eric Berne, Stephen Karpman Spiele der Erwachsenen, E. Berne, Reinbek bei Hamburg 1970 Die Transaktionsanalyse, I.Stewart/V. Joines, Freiburg 1990, S. 331–366

Beispiel 18: Drama-Dreieck (nach Karpman)

Mitarbeiter:	Wie kann ich mich in so einer verzwickten Situation, wenn der Kunde auf meine schriftlichen Angebote nicht reagiert, verhalten? („Opfer-Köder")
Coaching-Kunde:	Da machen Sie dem Kunden einen neuen Vorschlag! („Retter")
Mitarbeiter:	Ja, Sie haben ja recht, das wäre gut, mir fällt nur im Moment nichts Neues ein. („Opfer")
Coaching-Kunde:	Nun ja, fragen Sie ihn mal, was an dem schriftlichen Angebot für ihn passt bzw. nicht passt! („Retter")
Mitarbeiter:	Ja, das wäre eine Möglichkeit, aber glauben Sie, wird er mir das wirklich sagen?… („Opfer-Verfolger")

In diesem Beispiel wird die Tendenz zum „Ja, aber"-Spiel deutlich. Sie ist charakterisiert durch Hilflosigkeit („Opfer") und dem Versuch des Gefragten gute „Ratschläge" zu geben („Retter"), die jedoch abgewehrt werden („Verfolger-Position").

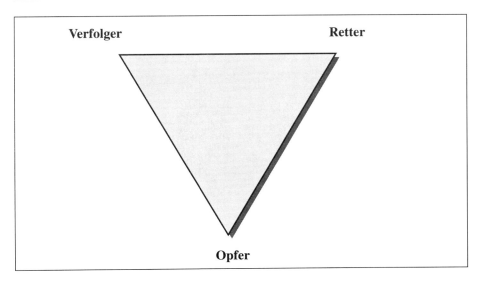

Abbildung 36a: Drama-Dreieck

Beispiel 19: Transaktionsanalytische Gesprächsmuster

A (1):	Was haben Sie damit gemeint!? (stimmlich barsch)
B (2):	Ich wollt eigentlich nur darauf hinweisen, dass es auch ohne den bisherigen Aufwand geht.
A (3):	Das könnte Ihnen so passen. Haben Sie überhaupt daran gedacht, was das für eine Umstellungsarbeit ist!
B (4):	Das ist nicht mein Problem! Das sollten Sie lösen! ...

Beispiel 20: Spiele-Formel nach Eric Berne

Der Coaching-Kunde erzählt, dass ihn eine Kunde angerufen und begonnen hat über die Katastrophe, die bei ihm passiert ist, zu schimpfen (C = Köder, siehe folgende Spiele-Formel). Der Gecoachte hat sich schuldbewusst und angegriffen gefühlt (G = Haken) und hat daraufhin dem Kunden alles versprochen, was er haben möchte, wie z. B. kostenlose Reparatur und Übernahme der Abhol- und Transportkosten usw. (R = Antwort). Als dann alles beigelegt war, hat der Kunde nicht einmal angerufen. Der Coaching-Kunde hat von sich aus angerufen und musste hören, dass der Kunde zwar gesagt hat, das passt jetzt, aber eigentlich hätte das alles schon seinerzeit erledigt sein können ... (S = Kippeffekt, Unerwartetes). Quintessenz für den Gecoachten: Alles was ich tue und wenn ich mich auch noch so bemühe, passt ja dann doch nicht! (P = Endergebnis, Auszahlung)

$$C + G = R \longrightarrow S \longrightarrow P$$

C + G	=	R	S	P
Con + Gimmick	=	Response	Switch	Pay-off
Köder + Haken	=	Antwort	Kippeffekt, Unerwartetes	Endergebnis, Auszahlung

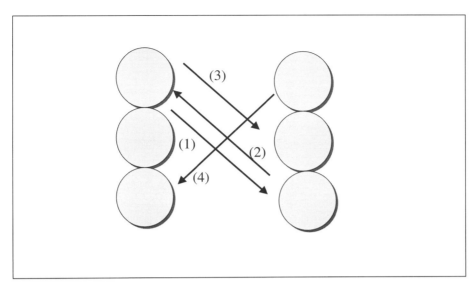

Abbildung 36b: Transaktionen

Beispiel 21: Spiele, verfolgter Zweck, Rolle

Spiele	Verfolgter Zweck	Rolle
Ja, aber ...	Eigene Größe (triumphieren) oder sich ratlos machen (mies fühlen)	Verfolger Opfer
Ich kann nichts dafür (Holzbein)	Passiv bleiben, depressiv und resignativ	Opfer
Überlastet	Sich selbst Vorwürfe machen, einsam sein, klagen können	Opfer
Warum muss das immer mir passieren?	Demütigung provozieren, unglücklich, Schmerz empfinden müssen	Opfer
Ich möchte dir ja nur helfen	Eigene Größe zeigen, stolz und erhaben sein	Retter
Was wärst du ohne mich?	Dankbarkeit ernten, grandios, stolz	Retter
Jetzt habe ich dich endlich erwischt	Rache, wütend, eifersüchtig	Verfolger
Schlemihl/ Schlaukopf	Destruktion, Schadenfreude	Verfolger
Sieh bloß, was du angerichtet hast	Rechtfertigung, Entrüstung, wütend, andere schuldig machen	Verfolger

Welche Strategien und Möglichkeiten gibt es, manipulativen Gesprächsmustern („Psycho-Spielen") zu begegnen?

1. Nicht-Einstieg

Wie beispielsweise darüber hinwegsehen, auf Köder achten, die man kennt, und aufgreifen der darunter liegenden Botschaft, auf Abwertungen am Anfang (Köder) eingehen, ansprechen, Schwächen und Stärken des anderen/bei sich nicht (mehr) übertreiben, Vereinbarungen treffen über Umgang miteinander …

2. Ausstieg

Unerwartete, vielleicht nicht zum Thema passende Antwort geben, um das Thema zu ändern oder humorvolles Ansprechen und spontanes Reagieren auf die Situation, im klaren Ton abstoppen wie „Hör auf!" oder „Schluss!" …

3. Mitspielen – zu einem anderen Ende (setzt hohe Kunst des Umgangs mit Ränkespielen voraus)

Laufen lassen, wo geringere Problematik erkennbar ist, überraschende Wendung mit Option einbringen, Blumen-Strategie nutzen wie bspw. auf einem Blatt bei jedem Spielanteil ein Blütenblatt zeichnen, bis anderer auf das reagiert und man verändern kann, bewusst angestrebte negative Zuwendung oder die mögliche „Auszahlung" nicht annehmen bspw. „ich merke gerade, dass ich … gemacht habe. Ich bin froh, jetzt noch draufzukommen und möchte …" und eine positive Wendung geben wie etwa Wahlmöglichkeiten zum emotionalen oder auch inhaltlichen Ergebnis anbieten.

4. Aufdecken der Situation

Bewusstes Aufdecken, was gerade aus meiner Sicht läuft (nach den drei Möglichkeiten der Spielanalyse), den Köder „aufdecken", also die erste Abwertung konfrontieren …

38 Thema	**Stabile Zonen (Quellen innerer Kraft)**
Voraussetzung für den Coach	Kenntnisse und Fertigkeiten, mit Fantasiereisen bzw. inneren Prozessen umgehen zu können und Wirkungen bearbeiten können
Ziele	• Dem Gecoachten emotionale Ankerpunkte aus seinem Umfeld erkennbar machen • Energiepunkte für neue, weitere Aktivitäten ausfindig machen
Ausgangssituation **Indikatoren**	Der Coaching-Kunde berichtet über Schwierigkeiten, für Aktivitäten Energien zu sammeln bzw. nicht zu wissen, wo er Energien hernehmen soll. Das Thema, das der Gecoachte einbringt, verlangt Ressourcen, um die Lösung aus innerer Kraft anzustreben. Der Wunsch des Gecoachten ist, innere Ruhe und Kraft für seine neuen Aufgaben zu finden u. ä. m. – Wenig Energien für Problem- und Lösungsarbeit sicht- und hörbar – Wunsch nach (neuen) Energiequellen aufspüren – Suchend, unklar, was ihm Energie bringt
Vorgehen	Geschätzter Zeitaufwand ca. 20–40 Minuten 1. Nach erfolgtem Einstieg des Gecoachten durch seine Problembeschreibung fokussieren auf die Energiefindung, wenn dies als Ziel in Frage kommt 2. Einladung zu einem Experiment bzw. einer Übung zur Energiefindung 3. Fantasiereise (mit Anleitung durch den Coach) bzw. Fragenliste, die der Gecoachte in Ruhe, zuerst innerlich, dann schriftlich, beantwortet
Autor	Heinrich Kessler

Beispiel 22: Fantasiereise „Stabile Zonen meines Lebens"

Einleitung: Zur Entspannung körperlicher Art (bspw. lassen Sie all die Gedanken, die da sind, vorbeiziehen, achten Sie auf den gleichmäßig gehenden Atem, wie er kommt ... wie er geht ... holen Sie einige Atemzüge tief Luft und atmen Sie tief ein und aus ... usw.), bis das Gefühl der Entspanntheit eintritt.

Wenn Entspannung und innere Ruhe erreicht ist, dann begeben Sie sich gedanklich in Ihre vertraute und angenehme Umgebung – menschlich, wohnungsmäßig, landschaftlich ...

Wenn ich an meine stabile Zone denke, was fällt mir dazu spontan ein (Welches erste Bild entsteht vor meinem geistigen Auge)?

Wie stabil bzw. kräftigend erlebe ich diese Zone oder Energiequelle für mich?

Was kann sie mir „morgen" nützen bzw. helfen?

Welche Einfluss habe ich auf diese stabile Zone? (Wie ich sie mir organisieren kann, wie ich sie jederzeit zur Verfügung habe, wie ich sie nur zu bestimmten Zeiten oder an bestimmten Ort erhalte ...)

Was trage ich zum Bestand bei bzw. was investiere ich in die Aufrechterhaltung dieser stabilen Zone/Energiequelle?

Was bin ich bereit dafür zu tun, damit sie mir hilft, Energien aufzubauen, neue Kraft zu tanken?

Wie verträgt sich die Zone/Quelle mit Beruf und Familie?

39 Thema	**T.O.W.S.-Modell zur Ermittlung von Stärken, Schwächen, Chancen und Gefahren in einer Situation**
Voraussetzung für den Coach	Grundkenntnis zur fachlichen Situation, die gerade bearbeitet wird Gute methodisch-analytische Kenntnis Gute Fähigkeit und Fertigkeiten mit Fragen und Hinterfragen umzugehen
Ziele	• Ermitteln der Stärken, Schwächen, Chancen, Gefahren als gegenwärtige und zukünftige Einflüsse • Positive und negative Aspekte zum Thema auflisten • Mehrdimensionalen Aspekt in der Situation Rechnung tragen und berücksichtigen • Ausgehend von den gegenwärtigen und zukünftigen Aspekten herausarbeiten des Umgangs damit, um optimale Ergebnisse erreichen zu können
Ausgangssituation	Der Coaching-Kunde beschreibt ein Problem, eine Aufgabensituation, ein Vorhaben o. ä. Er hat sich darüber noch keine Gedanken gemacht, womit er rechnen muss, was auf ihn zukommt bzw. was er bewirken und erreichen kann. Da er möglicherweise in seinen Gedanken „befangen" ist, sich oft alleine – immer wieder – mit den gleichen Gedanken befasst, kommt er ins Coaching und möchte zusätzliche Sichtweisen erhalten.
Vorgehen	Geschätzter Zeitaufwand ca. 40–60 Minuten 1. Situationsbeschreibung mit konkreter Problembeschreibung bzw. genauer Formulierung des Vorhabens 2. Einsatz des TOWS-Modells: Gemeinsam mit dem Coaching-Kunden werden zuerst die externen Chancen bzw. Gefahren gesammelt (brainstorming). Als weiterer Arbeitsschritt folgen dann die Ideen zu den internen Stärken und Schwächen 3. Diese Ergebnisse werden mit den vier Fragenbereichen durchgegangen *(siehe Abbildung 37)* 4. Diagnose durch den Gecoachten, wie er aus dem Gesamtbild der Inhalte nun sein Problem bzw. sein Vorhaben sieht 5. Ableitung der nächsten Schritte
Autor	H. Weihrich
Weiterführende Literatur	Die TOWS-Matrix als Instrument der strategischen Planung, H. Weihrich, Agplan Nr. 4/1982, S. 26–29

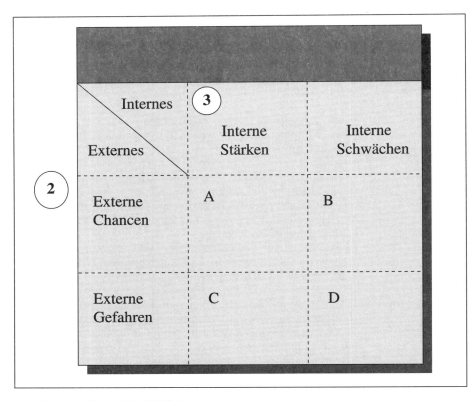

Abbildung 37a: T.O.W.S.-Matrix

Fragenbereiche T.O.W.S-Modell

1. Welche besonderen internen Stärken und externen Chancen sind erkennbar? (A) (Priorität I) Wie können wir das fördern?

2. Welche internen Schwächen und externen Gefahren treffen aufeinander? (D) (Priorität II) Wie können wir dem begegnen?

3. Welche internen Stärken kombinieren sich mit externen Gefahren? (C) (Priorität III) Wie können wir die Situation zu unseren Gunsten beeinflussen?

2. Welche internen Schwächen und externen Chancen treffen aufeinander? (B) (Priorität IV) Wie können wir die Chancen durch innere Veränderung trotzdem nutzen?

Abbildung 37b: Fragenbereiche T.O.W.S-Modell

40	**Thema**	**Urteile treffen (ganzheitliche Urteilsbildung)**
Voraussetzung für den Coach		Grundkenntnis der Methodik als Coach selbst Entscheidungen leicht anhand der Grundelemente treffen können bzw. mehrdimensional an Entscheidungen herangehen
Ziele		• Ganzheitlich, integratives Überprüfen seiner Urteilskriterien zur Entscheidung • Klären seiner eigenen Stärken und Schwächen in Bezug auf Alternativen • Nutzen verschiedener Richtungen zur optimalen Unterstützung der Entscheidungssituation
Ausgangssituation		Der Gecoachte steht vor einer Entscheidung und frägt sich, was er dabei ev. ausgelassen hat oder ob sein Denken zu einer „passenden" Entscheidung führt. Es existiert Unkenntnis von Methoden bzw. Vorgehensweisen zur Entscheidungsfindung.
Indikatoren		– Neigung zu Einseitigkeit bei Entscheidungen sowie zu raschen Lösungen – Schnell von Problemen zur „richtigen" Lösung denken oder andererseits „Herumanalysieren"

Vorgehen		Geschätzter Zeitaufwand ca. 30–45 Minuten
		1. Genaue Klärung der Frage- bzw. Problemstellung.
		2. Spontan vorhandenen Aussagen dem Modell und seinen Punkten zuordnen.
		3. Reflektieren bzw. durchgehen der einzelnen Punkte *(siehe Abbildung 38)*
		  * Was erleben/sehen Sie in der Situation? Stellen Sie die Situation bildhaft dar! (ev. nachfragen, spielen, konfrontieren, wenn keine Wahrnehmungen, sondern Bewertungen o. ä. als Antwort kommen)
		  * Was denken Sie über die Situation? Wie schätzen Sie … (Situation, Einfluss, Ergebnisveränderung u. ä.) ein?
		  * Welches stimmige Urteil kann gebildet werden?
		  * Was soll angestrebt werden? Was wäre ideal/optimal? Was wünschen wir/ich? Wie soll die Situation zukünftig aussehen?
		  * Welche Aktivitäten, Handlungen, Maßnahmen, Verhaltensweisen … könnten dies erreichen? Gibt es noch andere Möglichkeiten?
		  * Welche Alternativen zu den Handlungsentscheidungen können daraus abgeleitet werden?
		4. Bearbeiten der Defizite bzw. übertrieben starken Ausprägungen der Orientierungen bei der Entscheidungsfindung

	5. Ausrichten der Vorgehensweise zur Entscheidung anhand aller Aspekte der Methodik, Bildgestaltung und Orientierung 6. Entscheidungswahl, Gegencheck und gefühlsmäßiges Überprüfen im Inneren (Frage an den Gecoachten, wenn er in sich hineinhört, welche Körperreaktionen er spürt bzw. wahrnimmt, welche Gefühle er in sich wahrnimmt, ob er das kennt bzw. schon in anderen Zusammenhängen erlebt hat, wie innerlich sicher bzw. unsicher er sich im Moment erfährt …)
Autor	Lex Bos
Weitere Literaturhinweise	Schrumpfende Märkte, H. Kraus, H. Piber, G. Tichy, H. v. Sassen, Wien 1986

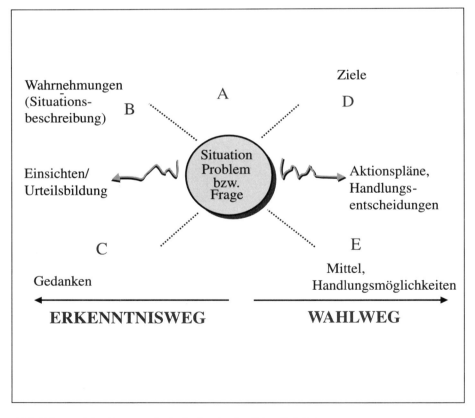

Abbildung 38: Der sozial-ökologische Urteilsbildungsprozess

41 Thema	**Veränderungsprozesse in der Zeit**
Voraussetzung für den Coach	Arbeitsmethodische und analytische Fähigkeiten und Fertigkeiten, Einfühlungsvermögen in Zeitprozesse und in das Anliegen des Coaching-Kunden
Ziele	• Varianten an zeitlichen Vorgehensweisen im Lösungsprozess nutzen • Das Kontinuum – vergangene Ursachen, gegenwärtiges Problem und zukünftiger besserer Zustand – mit dem passenden Schwerpunkt versehen
Ausgangssituation	Der Gecoachte schildert sein gegenwärtiges Problem. Aus der Schilderung ist sowohl das emotionale und/oder sachliche Problem im „Jetzt" erkennbar. Es klingen auch Ursachen und Hintergründe an, die in der (jüngeren) Vergangenheit liegen und gleichzeitig signalisiert der Coaching-Kunde, dass die Situation in Zukunft nicht so bleiben könne. Der zukünftige Zustand muss eine haltbare Lösung enthalten.
Indikatoren	– Die Schilderung findet sich in allen drei Zeiten wieder – Der Coaching-Kunde fokussiert zu sehr auf a) die Gegenwart mit ihrem Problem oder b) die Vergangenheit mit den Schuldigen und Verursachern oder c) die Zukunft, da er schon fertige Vorschläge parat hat, die unbedingt so die Lösung darstellen.
Vorgehen	Geschätzter Zeitaufwand ca. 20–30 Minuten Nach der Schilderung des Gecoachten wird eine Bestandsaufnahme vorgenommen *(siehe Abbildung 39)*. Was ist als Problem für wen erkennbar? Wie kann dies in Form einer Beschreibung (was ist sichtbar?) festgehalten werden? Achtung vor Bewertungen. Beim Zurückgehen in die Vergangenheit ist bei den Fragen „Was ist geschehen? Was sind Ursachen für das Problem?" zu achten, ob sachliche Beschreibungen stattfinden oder Vorwürfe, Vorurteile, Bewertungen vorliegen usw. Von diesen Ursachen ausgehend, sind dann die Fragen an den Zukunftszustand anzulegen: Wie sollte die Situation gelöst aussehen? Was wäre eine erfolgreiche und gelöste Situation? Hier ist wiederum darauf zu achten, ob bei dieser Schilderung schon fertige „Rezepte von gestern" als die Lösung formuliert werden, noch dazu, wenn sie möglicherweise gar nicht zur Aufhebung der Ursachen beitragen. Bei einfacher gelagerten Problemfällen, in Verhaltenssituationen im Betrieb, bei Mitarbeitern/innen, Kollegen/innen könnte der Weg in die Vergangenheit ev. ausfallen und gleich die Frage an die Zukunft gerichtet werden: Wer kann was ändern, um die Situation positiv zu gestalten?
Autor	Werner Vogelauer

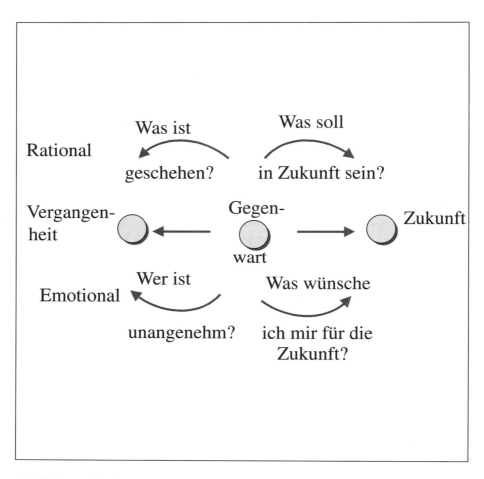

Abbildung 39: Veränderungsprozess in der Zeit

42 Thema	**Verhaltensorientierung und Selbsterkenntnis**
Voraussetzung für den Coach	Kommunikationspsychologische Grundlagen Kenntnis des Ansatzes von Riemann
Ziele	• Erkennen des eigenen Standortes im Gespräch • Erkennen des persönlichen Standortes der Gesprächspartner und Diagnose der Beziehungsqualität bzw. der Spannungen • Veränderungsmöglichkeiten herausarbeiten
Ausgangssituation	Der Coaching-Kunde spricht von Schwierigkeiten im Gespräch mit bestimmten Personen; Gesprächssituationen, die er verbessern möchte.
Indikatoren	– Unverständnis für die Gesprächssituation – Spannungen in der Gesprächssituation, die möglicherweise in der Unterschiedlichkeit der Personen liegen könnten – Unterschiedliche Herangehensweisen an Tätigkeiten, Vorhaben u. ä. m., durch die vom Gecoachten ins Spiel gebrachten Personen
Vorgehen	Geschätzter Zeitaufwand ca. 30–60 Minuten 1. Beschreibung der Situation mit möglichst genauen Aussagen der Gesprächs-Partner (ev. ausfüllen eines Fragebogens *(siehe Beispiel 23)* durch den Gecoachten für sich bzw. für den Gesprächspartner 2. Darstellen des Modells nach F. Riemann *(siehe Abbildung 40)* 3. Zuordnen der Aussagen bzw. Gesprächsstandorte zu den jeweiligen Achsen durch den Gecoachten und Auswertung anhand der *Abbildung 40* 4. Diagnose der unterschiedlichen Achsen bzw. des persönlichen Standortes („Heimatquadranten") der Gesprächspartner 5. Besprechen von alternativen Vorgehensweisen, um die Gesprächsbeziehung zu verbessern (ev. vertiefen durch ein Rollengespräch)
Autoren	Schibalski/Vogelauer
Weiterführende Literatur	Grundformen der Angst, F. Riemann, München-Basel 1990 Klärungshilfe, Ch. Thomann/F. Schulz von Thun, Reinbek bei Hamburg

Beispiel 23: Fragebogen für Selbst- und Fremdeinschätzung des Verhaltens

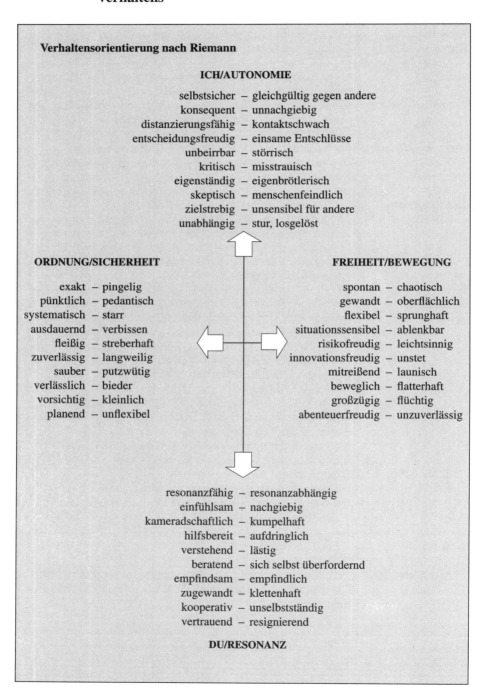

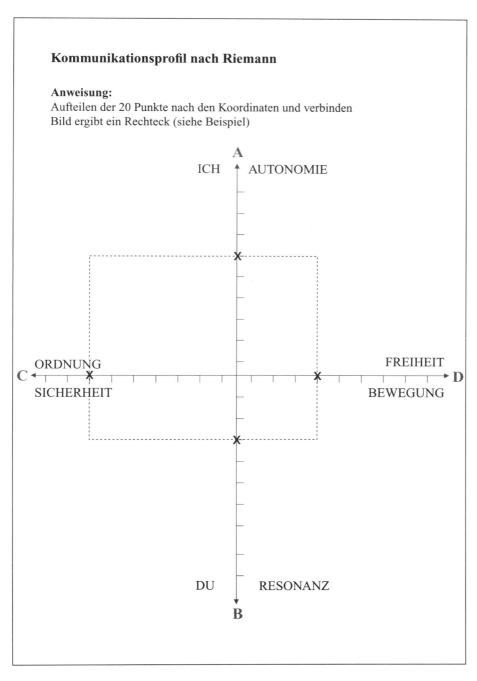

Abbildung 40: Vier Grundstrebungen nach F. Rieman bzw. dahinterstehende Grundängste

43 Thema	**Vertragsgestaltung und Vertrauen – Das 4-P-Modell**
Voraussetzung für den Coach	Kenntnisse der Kommunikationspsychologie, der Transaktionsanalyse (Vertragskonzept) Analytisch-methodische Fähig- und Fertigkeiten
Ziele	• Innere Checklist für den Coach, die wichtigsten Punkte für den Einstieg in ein Coaching, um einen sachlich wie emotional effektiven Vertrag zu erreichen • Kundenorientierte Vorgehensweise im Coaching durchführen
Ausgangssituation	Zu Beginn eines Coachings ev. nach Absolvierung des Vorgesprächs und beim Einstieg in die konkrete Vereinbarung ist die Bearbeitung dieser Punkte aus Coach-Sicht ganz wichtig. Der Coach kann sich innerlich prüfen und auf die Art und Weise achten, wie er agiert und Vergleiche herstellen, ob er die Themen miteinbezogen und genutzt hat.
Indikatoren	– Druck auf raschen Beginn (durch Gecoachten, aber auch beim Coach) – Gefühl, dass (scheinbar) alles klar ist – Unkenntnis über die beim Coach wie Gecoachten notwendigen Eckpfeiler für ein effektives und beziehungsorientiertes Coaching
Vorgehen	Geschätzter Zeitaufwand ca. 10–20 Minuten Der Coach kann sich vor Beginn des Vorgesprächs schon seine Gedanken zu den vier wichtigen Themen zusammenstellen und sich innerlich einstimmen *(siehe Abbildung 41 und Beispiel 24* mit Details). Sind all diese Punkte im Vorgespräch bzw. in der Coaching-Vereinbarung direkt und offen besprochen bzw. im Vorgehenskonzept mitberücksichtigt, dann wird einem erfolgreichen Coaching nichts mehr im Wege stehen.
Autor	Werner Vogelauer in Anlehnung an das 3-P-Konzept von P. Crossmann
Weiterführende Literatur	Permission and Protection, P. Crossman, TA-Bulletin, Nr. 5/1966, S. 152–154

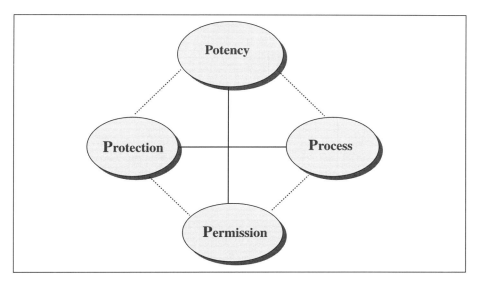

Abbildung 41: Das 4-P-Konzept

Beispiel 24: Das 4-P-Modell

Erlaubnis (permission)
Die Art und Weise, wie der Coach auf den Gecoachten zugeht, und wie er mit ihm spricht, so dass der Gecoachte Themen anspricht und nicht zurückhält. Raum und Zeit geben, sich auszudrücken, seine Bedürfnisse, Probleme zu artikulieren dürfen, eine einladende Formulierung, Gestik und Mimik.

Schutz (protection)
Der Coach vermittelt Sicherheit im Gespräch und gibt dem Kunden Schutz, auch vor der kundeneigenen Negativverstärkung bzw. Destruktion bei der Vertragsgestaltung und für später. Der Coach ist verschwiegen nach außen, hilft dem Klienten, mit Druck und Aggression wie Manipulation, die auf ihn gerichtet ist, umzugehen und überschnelle Reaktionen oder Hineinspringen in unüberlegte Aussagen, Aktionen oder Verhaltensweisen zu stoppen.

Stärke (potency)
Der Coach bringt all seine Kenntnisse, Fähigkeiten und Fertigkeiten ein, die zum Wohle des Gecoachten und seines Zieles eingesetzt werden.

Ablaufgestaltung (process)
Die behutsame Gestaltung mit den Problemstellungen, den Zielen, den persönlichen Aspekten und den fachlichen Inhalten wird vom Coach in einen rhythmischen, zuammenhängenden und dem Coaching-Kunden gegenüber auch offenen Prozess vorgenommen.

44 Thema	**Visions- und Zielarbeit**
Voraussetzung für den Coach	Zukunftsorientiertes Denken Grundkenntnisse über Visionskonzepte und -methoden Arbeitsmethodische Kenntnisse über Ziele und Ziel-Management Kenntnis über Fantasiereisen und Umgang mit damit verbundenen (emotionalen) Reaktion
Ziele	• Die angestrebte Zukunft formulieren, bildlich darstellen • Den Weg von der Vision bis zur Aktion schrittweise erarbeiten • Emotionale Verankerung des Zukunftszustandes • Visions- und Zielfindungswege konkretisieren
Ausgangssituation	Der Coaching-Kunde spricht in seiner Thematik, Situationsbeschreibung von Zukunft. Er will in Zukunft beruflich und/oder private Veränderungen anstreben und weiß nicht recht, wie er das angehen kann. Auch das Zukunftsbild ist im Moment ein Wunsch und noch nicht greifbar. Aus einer anfänglichen situativen, problemlösenden Arbeit kann sich eine neue Richtung zur Zukunftsgestaltung und Visionsfindung ergeben.
Indikatoren	– Unklare Vorstellungen über das Morgen – Zu starke pragmatische und nahe liegende Ziele ohne Wirkungsvorstellung für die folgende Zeit – Diffuse Vorstellung über zukünftige Position, Situation usw.
Vorgehen	Geschätzter Zeitaufwand ca. 40–120 Minuten je nach Alternative 1. Nach klarer Ausgangssituation und Hintergründen, wovon der Gecoachte weg will, eine Vereinbarung an der und für die Zukunft zu arbeiten, Vorschlag zur Visionsarbeit 2. Visionsarbeit (Variante Fantasiereise *siehe Beispiel 25* oder Zukunftsgestaltung nach Scheltema, Glasl *siehe Abbildung 42*) 3. Nach der Erstellung des Zukunftsbildes, kann ein weiterer Schritt in Richtung persönliches Credo („Leitbild") durchgeführt werden bzw. die nächstliegenden Ziele für das kommende Jahr als erste Station auf dem Weg zur Vision angegangen werden. 4. Planung der Maßnahmen, die formulierten Ziele zu erreichen
Autor	Werner Vogelauer (Fantasiereise), v. Scheltema/Friedrich Glasl (Vorgehensmodell „Meine Vision")

Beispiel 25: Fantasiereise

Nach anfänglicher Einstimmung auf Entspannung und körperliche Ruhe (Atem, entspannte Muskeln und Körperteile, Gedanken vorbeiziehen lassen, ruhiges und entspanntes Gefühl) Einladung zu einer Reise in die Zukunft.

Ich möchte Sie zu einer Reise in eine angenehme und wünschenswerte Zukunft einladen. Sie stehen vor Ihrer Eingangstür und steigen in ein Gefährt ihrer Wahl (Zug, Auto, Flugzeug, fliegender Teppich o.ä.) ein ... Sie spüren wie sich das Gefährt in Bewegung setzt und sich zunehmend entfernt ... Sie sehen um sich zwar bekannte Landschaft, aber sie sieht doch irgendwie neu und anders aus ... Nebel, Wolken umgeben Sie oder ein Tunnel verfinstert für kurze Zeit die Sicht ... wie Sie sich während der Fahrt so umsehen, entdecken Sie in der Ferne einen Ort, eine Kirche, Häuser, ein großes Gebäude, an dem eine Leuchtschrift erkennbar ist ... Sie schauen näher hin und sehen, dass ein Datum neben Nachrichten und Informationen auf der Leuchtschrift erscheint ... es ist der ... (ca. 5–7 Jahre vom heutigem Tag in der Zukunft) ... Das Gefährt bleibt stehen, Sie steigen aus und sehen sich um ... lassen Sie all die Bilder auf sich einwirken, die Gebäude, Fassaden, Geschäfte und Schaufenster, die Menschen usw. ... (hier längere Zeit innere Bilder entwickeln lassen) ... sammeln Sie die Eindrücke, was ist Ihnen wichtig und was gefällt Ihnen etwa an ihrem Arbeitsplatz, an Ihrem Zuhause, an Ihrer Umgebung usw. ... nehmen Sie das gedanklich auf Ihre Reise mit, die Sie wieder mit dem bekannten Gefährt zurück in die Gegenwart führen soll ... steigen Sie ein und lassen sich wieder tragen ... wenn Sie dann im hier und heute, in diesem Raum wieder angelangt sind, öffnen Sie einfach die Augen und sind wieder ganz hier (körperliche Bewegung, strecken und recken anregen)

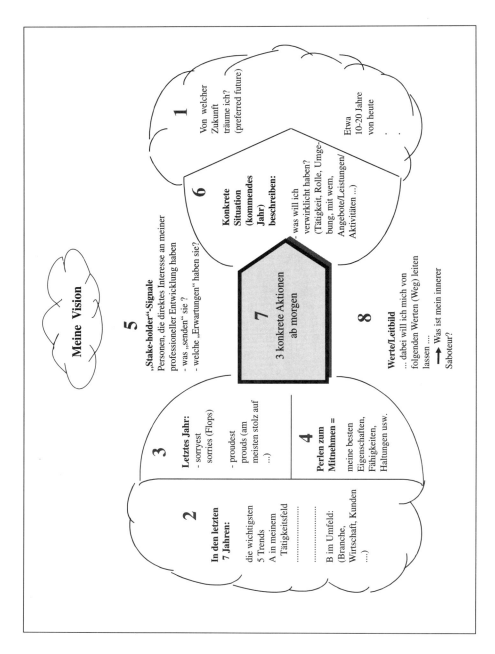

Abbildung 42: Meine Vision

45 Thema	**Wahrnehmungsverzerrungen**
Voraussetzung für den Coach	Kenntnisse der Kommunikationspsychologie Grundlagen der Wahrnehmungspsychologie bzw. Gestalttheorie
Ziele	• Klären des gemeinsamen Verständnisses von Informationen für die weitere Vorgehensweise • Abklären, ob das „Angekommene" dem „Gesendeten" entspricht • Ev. Widersprüchlichkeiten beim Sender wie beim Empfänger durch Rückfragen oder Spiegeln aufzeigen und auf das Wichtige fokussieren
Ausgangssituation	In Anfangs- und Einstiegssituationen beim Coaching können viele Informationen vom Gecoachten kommen, die der Coach nicht so einfach übernehmen soll. Es können innerhalb der Person oder in der Kommunikation Interpretationen oder Widersprüche existieren.
Indikatoren	– Neigung des Coach zu interpretieren – Nicht authentische Verhaltensweisen des Gecoachten (in den Worten ist etwas anderes erkennbar als in Mimik bzw. Gestik) – Verwirrende, pauschale, komplizierte Formulierungen
Vorgehen	Geschätzter Zeitaufwand ca. 10–30 Minuten 1. Der Gecoachte beschreibt seine Situation. 2. Der Coach versucht, durch aktives Zuhören herauszuarbeiten, ob das Richtige bei ihm angekommen ist bzw. durch Zurückspiegeln der Worte dem Gecoachten auf ev. Unterschiede zwischen „Sagen" und „Meinen" aufmerksam zu machen 3. Der Coach überprüft dabei, ob er etwas anderes verstanden hat, als er wortmäßig hörte. Damit kann wahrgenommen werden, ob der Verzerrungswinkel im Kommunikationsprozess gleich Null ist oder abweicht und Klärungen notwendig werden. 4. Nun kann mit der eigentlichen Coaching-Arbeit begonnen werden

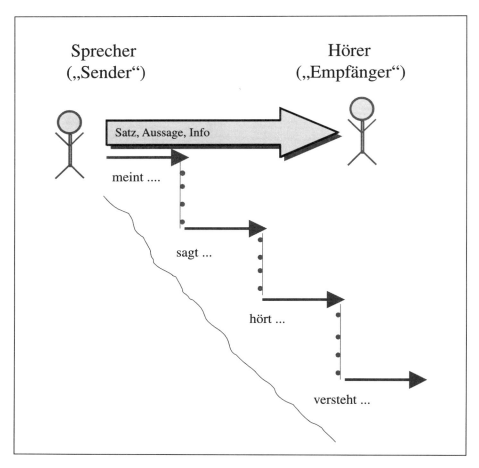

Abbildung 43: Stufen der Verzerrung in der Kommunikation

46 Thema	**Willensarbeit**
Voraussetzung für den Coach	Grundkenntnisse der Psychosynthese (Assagioli), besonders die Konzepte zum Willen
Ziele	• Anhand der Stadien des Willens Vorhaben konkretisieren und „innerlich programmieren" • Die eigenen Qualitäten des Willens überprüfen und Stärken nutzen • Vorgehen für den Willenseinsatz finden
Ausgangssituation	Der Gecoachte berichtet über Vorhaben, Situationen, Probleme, die er angehen bzw. ändern möchte. Er sucht nach Wegen zur Verwirklichung und ist innerlich bereit, etwas zu tun. Eine andere Seite könnte sein, dass er ab und zu zurückzieht, nicht beharrlich Ziele verfolgt, auch Konzentration, Entschlossenheit, Wagemut oder innere Disziplin Themen für ihn sind.
Indikatoren	– Wenig erkennbare Energie für das Tun – Schnelles Erlahmen nach Anfangseuphorie – Zersplitterte/auseinanderstrebende Vorstellungen – Mehr Aktion bis Aktionismus als Wille erkennbar
Vorgehen	Geschätzter Zeitaufwand ca. 20–30 Minuten 1. Der Coaching-Kunde beschreibt Situation, weiters Zweck und Ziel 2. Er bewertet das zu erreichen Wollende (Ziel) bspw. in einer Skala von 1 (min.) bis 10 (max.) 3. Der Gecoachte durchdenkt das Für und Wider anhand plastischer Bilder oder eine Liste der +/- Punkte *(siehe Beispiel 26)* 4. Er trifft eine Wahl. Er entscheidet sich anhand der durchdachten Punkte 5. Er sucht unterstützende Elemente, die seine Wahl bekräftigen 6. Der Gecoachte plant die weiteren Schritte, stellt sich innerlich auf Wege und Aktivitäten ein („Programm") 7. Er setzt die Tätigkeiten um und überprüft die Durchführung (und berichtet über Erfolg und Erfahrungen, ev. über Probleme und deren Nachbearbeitung)
Autor	D. Bach/R. Assagioli
Weiterführende Literatur	Psychosynthese, R. Assagioli, Reinbek bei Hamburg 1993 Die Schulung des Willens, R. Assagioli, Paderborn 1982 Werde was du bist, P. Ferrucci, Reinbek bei Hamburg 1996

Beispiel 26: Qualitäten des Willens

kann ich …
besonders gut　　　　　　　　　　　　　schlecht

	10	9	8	7	6	5	4	3	2	1
Intensität, Stärke, Energie, dynamische Kraft										
Disziplin, Kontrolle, innere Beherrschung										
Konzentration, Fokus, auf einen Punkt gerichtet sein										
Aufmerksamkeit und Zielbewusstsein										
Entschlossenheit, Entschiedenheit, Entscheidungsfähigkeit										
Ausdauer, Beharrlichkeit, Geduld										
Initiative, Wagemut										
Innere Organisationsfähigkeit, Integrationsfähigkeit										

Was sind die größten Willensstärken, die für das Vorhaben nutzbar sind? Wie kann ich diese für mein Vorhaben, meine Maßnahmen bzw. Ziele einsetzen?

47 Thema	**Zeithorizonte**
Voraussetzung für den Coach	Kenntnis des Modells von Elliott Jaques über die verschiedenen Dimensionen des Denkens in die Zukunft
Ziele	• Den Zeithorizont des Kunden herausarbeiten • Die Zeitaspekte der Situationsbeschreibung bearbeiten • Lösungsdimensionen und Zeithorizont des Coaching-Kunden bearbeiten
Ausgangssituation	Der Coaching-Kunde beschreibt einen Problemfall, der zu lösen ist. Wir wollen hier besonders auf die eher mittel- bis langfristigen Ziel- und Handlungsnotwendigkeiten schauen, d. h. der Fall ist vom Hintergrund komplexer bzw. hat mehrere Einflussfaktoren, auch mehrere Beteiligte
Indikatoren	– Neigung zu (sehr) raschem Ziel-Zeitpunkt – längerfristige Vorhaben bzw. Ziel sind schwer bis kaum für den Coaching-Kunden vorstellbar – zeigt anhand von früheren Beispielen wenig „Aushaltegeist" für längerfristige Ziele
Vorgehen	Geschätzter Zeitaufwand ca. 30–50 Minuten 1. Der Coaching-Kunde erzählt seine Ausgangssituation (wenn mittel- bis langfristig, d. h. zumindest 9–12 Monate und mehr) 2. Nachfragen des Coach über bisherige Erfahrungen bzw. Umgang mit mittel- bis längerfristigen Zielen (nach Beispielen, Erfahrungen, Erlebnissen aus den letzten Jahren fragen) 3. Anhand der Situation und der *Abbildung 45* eventuelle Zeitpunkte im Verlauf der Themenbearbeitung konkretisieren. Was empfindet der Coaching-Kunde bei den Zeitdistanzen? (leicht/schwer erreichbar? Energie?) 4. Was sind typische Zeiträume des Kunden für gute Zielsetzung und Zielerreichung? Entspricht das Ziel zum eingebrachten Thema in etwa diesen Zeiträumen? (Hintergrund zur Einschätzung kann *Abbildung 44* sein) 5. Gemeinsame Überlegungen bzw. Angebote/Ideen des Coach für Reduzieren des Zieles auf kürzere Etappenziele oder innere Gedanken,(siehe auch Wille, Zielpräsisierung, Ziel-Management, Visionsarbeit). Empfindungen des Kunden, sich das Ziel und die Zeitdauer besser zu „organisieren" 6. Detaillierte inhaltliche Arbeit im Coaching geht weiter
Autor **Weiterführende Literatur**	Werner Vogelauer in Anlehnung an das Konzept von Elliott Jaques Measurement of Responsibility, E. Jaques, London, Plädoyer für die Hierarchie, E. Jaques, Harvard Manager, 3/1990, S. 102ff.

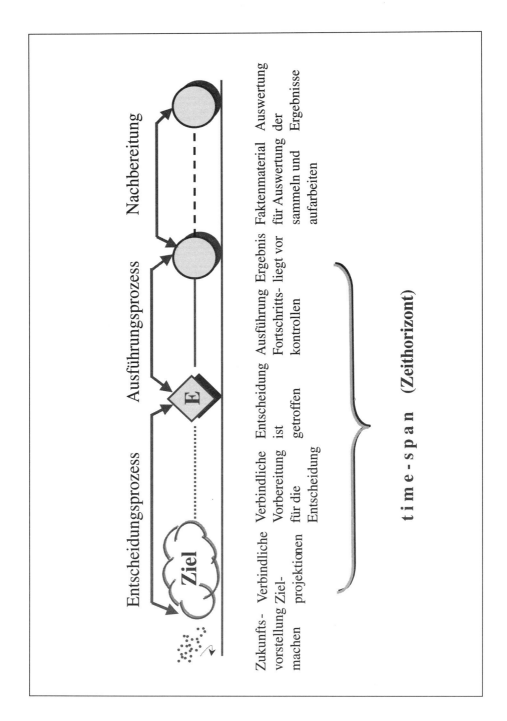

Abbildung 44: time-span (nach F. Glasl)

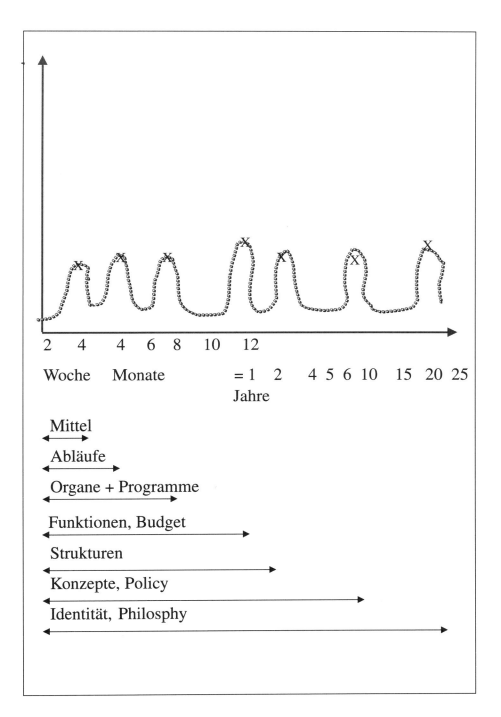

Abbildung 45: Zeithorizonte (nach E. Jaques)

48	**Thema**	**Zielpräzisierung**

Voraussetzung für den Coach	Grundkenntnisse zu Ziel-Management Prozesse der Zielfindung, Zieldefinition und der Gestaltung der Zielformulierung Kommunikationspsychologische Kenntnisse
Ziele	• Leichter fassbare und für den Zeitrahmen möglichst konkrete Zielformulierung • Bewusst machen der verschiedenen Größendimensionen von Zielen • Von oberflächlichen und allgemeinen Formulierungen zu greifbaren und konkreten Zieldefinitionen kommen
Ausgangssituation	Die Formulierungen, die der Coaching-Kunde für seine Ziele im Coaching oder in den detailliert zu bearbeitenden Themen nennt, sind schwer zu greifen, sehr allgemein und könnten dadurch ein Scheitern des Coaching-Prozesses nicht ausschließen
Indikatoren	– Allgemeine, pauschale Absichten (bspw. „ich möchte mich bei Gesprächen verbessern", „ich möchte meine Führungsaufgaben besser bewältigen"…) – Oberflächliche Zielbeschreibungen („ich brauche mehr Sicherheit beim Projekt"…)
Vorgehen	Geschätzter Zeitaufwand ca. 20–40 Minuten 1. Nach der Einladung an den Gecoachten, seine Ziele für das Coaching bzw. für eine speziell zu bearbeitende Thematik oder für die heutige Coaching-Einheit zu beschreiben, werden eventuell Indikatoren sichtbar. 2. Mit dem Hintergrundmodell der Zielpräzisierungs-Stufen können Fragen gestellt werden, die eine schrittweise genauere Formulierung ermöglichen *(siehe Abbildung 46 und Beispiel 27)*. Bspw. „Lassen Sie uns das Ziel einmal einkreisen …" oder „Wie sieht das aus, wenn Sie das Ziel erreicht haben? Stellen Sie sich das bildlich vor, wie fühlt sich das an? Was dürfte auf keinen Fall passieren?" 3. Ein wichtiger Punkt ist die positive Formulierung der Ziele; Bei negativ formulierten Zielen: Wie könnte das positiv formuliert aussehen? Oder ev. positive Interpretation anbieten und konkretisieren der Formulierung durch den Kunden selbst. 4. Wenn die Vereinbarung zum Ziel klar ist, kann der Coach und der Kunde in die eigentliche Coachingarbeit zu diesem Ziel einsteigen.

Autor	G. Egan (adaptiert von Werner Vogelauer)
Weiterführende Literatur	Helfen durch Gespräch, G. Egan, 2. Auflage, Weinheim 1993

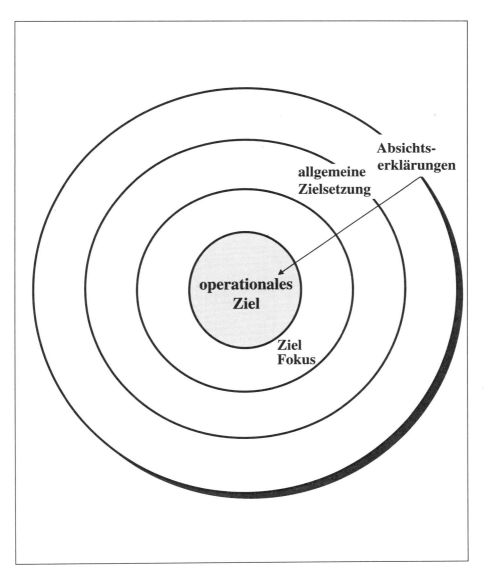

Abbildung 46: Vier Grade der Zielpräzisierung

Beispiel 27: Beschreibung von Zielpräzisierungsgraden

Absichtserklärung:	„Ich möchte meine Führungsaufgaben bewältigen können."
Allgemeines Ziel:	„Ich möchte die Probleme der Mitarbeiter im Arbeitszusammenhang behandeln können."
Zielfokus:	„Ich möchte die Beziehungsprobleme bzw. Konflikte der Mitarbeiter helfen können zu lösen."
Operationales Ziel:	„Ich möchte, dass jedes an mich herangetragene Konfliktthema zu einem Besprechungs- und Verhandlungsergebnis führt, das erfolgreich umgesetzt wird."

49 Thema	**Ziel-Management**
Voraussetzung für den Coach	Analytisch-methodisches Verständnis und Kenntnisse der Zielformulierung, Zielgestaltung und verschiedener Ziel-Management-Konzepte wie bspw. Management by Objectives (MbO)
Ziele	• Die Schritte von der Zielfindung bis zur Zielüberprüfung effektiv gestalten können • Effektives Ziel-Management zur Thematik erstellen • Wesentliche Kriterien und Einflussfaktoren für die Zielgestaltung und -umsetzung berücksichtigen
Ausgangssituation	In der Beschreibung des Coaching-Kunden (am Anfang des Coaching-Prozesses bzw. bei speziellen Themenstellungen) wird erkennbar, dass die Zielsituation unklar ist und auch der Kunde Schwierigkeiten mit der Formulierung, Gestaltung und Umsetzung von Zielen erkennen lässt.
Indikatoren	– Pauschale, unklare Zielformulierungen – Enge, einseitige Vorgehensweise zur Zielfindung – Oberflächliche Vorgehensweise bei der Zielumsetzung – Unklarheit, ob Ziele innerlich und von der Umgebung akzeptiert sind – Keine Auseinandersetzung mit Hindernissen bei der Zielumsetzung, bei mehrfacher Personenbeteiligung keine Vereinbarungen oder Konkretisierung von Zielen – Fehlende Methoden und Zeitpunkte für die Überprüfung der Zielerreichung
Vorgehen	Geschätzter Zeitaufwand ca. 20–40 Minuten 1. Beschreibung des Coaching-Kunden (Situation, sein Ziel …) 2. Angebot des schrittweisen Vorgehens (im Hintergrund die Ziel-Spirale *(siehe Abbildung 47a)* bzw. offen dargelegt, wenn Gecoachter zustimmt). 3. Überprüfen der effektiven Zielgestaltung und deren Kriterien *(siehe Abbildung 47b)* 4. Anschließend an den Kriteriencheck ist es gut, die innere bzw. äußere Akzeptanz des Ziels durch den Gecoachten bzw. in seinem Umfeld zu überprüfen *(siehe Beispiel 28 und dessen Fragen)* 5. Nun können beide ans Werk der eigentlichen Coachingarbeit gehen.
Autor	Werner Vogelauer
Weiterführende Literatur	Gezielt Arbeiten, Werner Vogelauer, in: Agogik, Heftthema: Führungsinstrumente, Nr. 2/1992, S. 20ff. Ziele managen, Seminar- und Trainer-Leitfaden der Wirtschaftskammer Österreich, Katharina Liebenberger und Werner Vogelauer, St. Pölten 1995

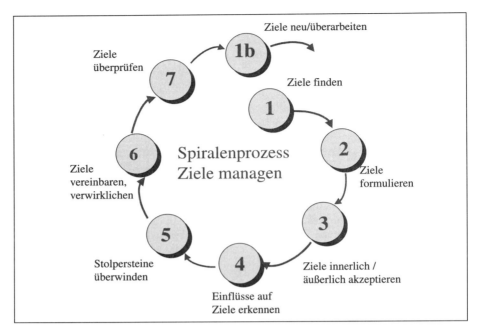

Abbildung 47a: Die Ziel-Spirale

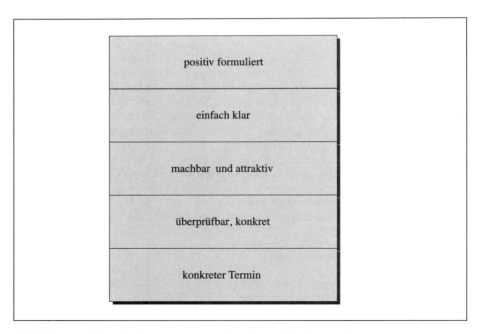

Abbildung 47b: Kriterien einer effektiven Zielformulierung

Beispiel 28: Innere und äußere Akzeptanz von Zielen

Formulierte Ziele sind meist noch keine akzeptierten Ziele. Oft schwingen „muss", „soll" oder „man" mit! Setze ich die Ziele nicht alleine um, so ist auch die äußere Akzeptanz des (der) Mitarbeiter(s) eine Voraussetzung für die erfolgreiche Umsetzung.

Innere Akzeptanz:

- Wie viel Energie/Zeit bin ich bereit, zur Erreichung der Ziele einzusetzen?
- Welche Pro-Argumente habe ich?
- Welche Gegenargumente können kommen und wie kann ich ihnen positiv begegnen?
- Sind die Ziele leicht zu merken, gut verständlich?
- Welche inneren Saboteure kenne ich, die Ziele nicht zu erreichen?
- Welche inneren Förderer kenne ich, die Ziele zu erreichen?

Äußere Akzeptanz:

- Ist die subjektive Zielhöhe o.k.? (verlangt Engagement, demotiviert jedoch nicht durch ein Zuviel)
- Welche Ressourcen und Kompetenzen braucht der Mitarbeiter? Hat er sie?
- Wie ist das Vertrauen und die Motivation, es anzugehen?
- Hat der Mitarbeiter Einfluss auf Zielerreichung? Kann er Maßnahmen dazu setzen?

50 Thema	**Zeichnen von Gefühlen und Empfindungen**
Voraussetzung für den Coach	Kenntnis der Kommunikations- und Emotionspsychologie Fähig- und Fertigkeiten mit Zeichnungen zu arbeiten Nicht interpretierender Umgang mit Zeichnung und Auswertung
Ziele	• Gefühlszustände in bestimmten Situationen ausdrücken können • Aus den Zeichnungen bestimmte Schwerpunkte des Klienten fragend ermitteln, um hilfreiche Interventionen zu setzen bzw. kunden-spezifische Vorgehensweisen erstellen
Ausgangs-situation	Der Coaching-Kunde erzählt Situationen, in denen er starke Gefühle zeigt bzw. beschreibt. Diese Gefühle sind verbal für den Gecoachten schwer ausdrückbar. Ein anderer Punkt kann sein, dass in der genannten Situation bestimmte Gefühle aus Erfahrung und eigenen Erlebnissen des Coach in ähnlichen Situationen erkennbar sein müssten, die vom Kunden nicht erwähnt werden oder andere Gefühle angeführt werden. Das Problem scheint auch nicht sachlich rational lösbar zu sein, sondern liegt möglicherweise in der emotionalen Auffassung bzw. Veränderung begründet.
Indikatoren	– Thema, Ziel, Vorhaben wird rational, knochentrocken beschrieben – Distanzierte Beschreibung von Problem, Thema oder Ziel – Verworrende bis sprunghafte Aussagen zu den Empfindungen des Coaching-Kunden auf erste Nachfragen
Vorgehen	Geschätzter Zeitaufwand ca. 30–40 Minuten 1. Situationsbeschreibung des Coaching-Kunden bzw. Nachfragen des Coach 2. Angebot das genannte Gefühl zu zeichnen, gegenständlich oder nur mit Farben (Variante: Vorschlag, alle Grundgefühle wie Ärger/Wut, Trauer, Angst und Freude zu zeichnen) 3. Frage nach der Interpretation durch den Coaching-Kunden (Womit verbinden Sie die Farbe …? Sie haben diesen Teil sehr kräftig/sehr dünn gezeichnet. Was bedeutet das für Sie? Was fällt Ihnen auf, wenn Sie die Zeichnung betrachten? Nachfrage, ob Rückmeldung vom Coach wünschenswert wie bspw. was mir auffällt oder was bei mir durch die Zeichnung ankommt bzw. was ich mit bestimmten markanten Punkten verbinde? 4. Variante; wenn alle Grundgefühle gezeichnet wurden, dann zusätzlich zu den obigen Fragen auf die unterschiedlichen Farben, kräftigen/dünnen Darstellungen, eventuell Vermischungen/ Abwertungen/Umdeutungen eingehen 5. Herauslösen wichtiger Punkte aus der Zeichnung und den Interpretationen, die zu einer anderen Sicht und zu einer besseren Lösung der Situation beitragen können

4. Verzeichnis der Abbildungen und Beispiele

Abbildungen

1:	Rahmenbedingungen	9
2:	Die fünf Phasen des Coaching	17
3:	Die Etappen eines einzelnen Coaching-Gespräches	19
4:	Ganzheitliches Coaching	22
5:	Kompetenzfelder	24
6:	Begleiten von Veränderungsprozessen	28
7:	Arbeitsstil/Selbsteinschätzung	35
8:	Abwertungsmöglichkeiten	37
9:	Die Stufenleiter des aktiven Zuhörens	39
10:	Destruktive Antreiberverhaltensweisen und konstruktive Kerne	43
11:	Meine Lebenslinie (Beispiel)	45
12:	Biografische Lebensphasen (nach Hans v. Sassen)	46
13:	Transaktions-Muster	48
14:	Coaching-Ebenen	52
15:	Diagnoseformen	54
16:	Vier Ebenen-Diagnose	56
17:	Entscheidungsmethodik	57
18:	Fragetechnik — Diamant	62
19:	Vier Stufen des Gespräches	64
20:	Situationsbeispiel „Psychologischer Hunger"	67
21:	9-P-Modell	72
22:	Kultur Quadrat	74
23:	Persönliche Kernqualität	76
24:	Kraftfeld-Modell	78
25:	Gelungene Kommunikation	80
26:	Lern-Loopings und Problemlösungsgrade	82
27a:	Auswertungsgrafik Lerntyp und Lernstil	85
27b:	Lernstil nach David Kolb	86

28a:	Passivität	95
28b:	Aktivität	95
29:	Pentagon-Modell	99
30:	Problemlösungs-Lemniskate	101
31:	Erwartungsklärung zwischen Coach und Coaching-Kunde	106
32:	Situationsanalyse	109
33:	Schritte zur Situationsbearbeitung	111
34:	OK-Corral (F. Ernst)	113
35a:	Strategien (D. Binsted/R. Snell)	115
35b:	Strategische Aspekte (H. v. Sassen)	115
36a:	Drama-Dreieck	119
36b:	Transaktionen	121
37a:	T.O.W.S.-Matrix	126
37b:	Fragenbereiche T.O.W.S-Modell	126
38:	Der sozial-ökologische Urteilsbildungsprozess	128
39:	Veränderungsprozess in der Zeit	130
40:	Vier Grundbestrebungen nach F. Riemann bzw. dahinterstehende Grundängste	133
41:	Das 4-P-Konzept	135
42:	Meine Vision	138
43:	Stufen der Verzerrung in der Kommunikation	140
44:	time-span (nach F. Glasl)	144
45:	Zeithorizonte (nach E. Jaques)	145
46:	Vier Grade der Zielpräzisierung	147
47a:	Die Ziel-Spirale	150
47b:	Kriterien einer effektiven Zielformulierung	150

Beispiele

1:	Begriffsbeschreibungen zu Arbeitsstil	34
2:	Abwertungsgrade (in Anlehnung an K. Mellor/ E. Sigmund)	37
3:	Antreiber – Erlauber – Anwendungsmöglichkeiten	42
4:	Bilanzblatt	50
5:	Beispielssituationen	54
6:	Entscheidungs-Analyse	59
7:	„Psychologischer Hunger"	66
8:	Mein Beziehungs-„I.Q."	69
9:	Messung der Lernstile nach D. Kolb	84
10:	Ziele-Netz	91
11:	Gesprächssituation nach S. Krapman	93
12:	Anleitung zur inneren Reise	97
13:	Fragenliste/Arbeitshinweise zum Ressourcen-CHECK	104

14:	Leitfaden für die Begriffsinhalte	107
15:	Situationsanalyse (Hans von Sassen)	109
16:	Situationen bearbeiten	110
17:	Strategisches Vorgehen	116
18:	Drama-Dreieck (nach Karpmann)	119
19:	Transaktionsanalytische Gesprächsmuster	120
20:	Spiele-Formel nach Eric Berne	120
21:	Spiele, verfolgter Zweck, Rolle	121
22:	Fantasiereise „Stabile Zonen meines Lebens"	124
23:	Fragebogen für Selbst- und Fremdeinschätzung des Verhaltens	132
24:	Das 4-P-Modell	135
25:	Fanatasiereise	137
26:	Qualitäten des Willens	142
27:	Beschreibung von Zielpräzisierungsgraden	148
28:	Innere und äußere Akzeptanz von Zielen	151

5. Stichwortverzeichnis

A

Abschlussphase 21
Abwertung 36, 37
Aktivitätsstufen 94, 95
Aktives Zuhören 38, 39
Antreiber 40–43
Arbeitsstil 32–35

B

Biographie 44–46
Beziehungsstruktur 47
Beziehungs-IQ 69, 70
Berne, Eric 48, 65, 113, 114, 118, 120
Bilanzblatt 49, 50
Bos, Lex (ganzheitliche Urteilsbildung) 127, 128

C

Coach-Kompetenz 10, 23–28
Coaching-Ebenen 52
Coaching-Einzelgespräch 19–21
Coaching-Phasen 14, 17–22
Coaching-Verlauf 17–22
Coach the Coach – Reflexion 51
Coaching-Vertrag 18

D

Diagnose 53, 54

E

Ebenen der Diagnose 55, 56
Einstiegs-/Kontakt-Phase 17, 18
Entscheidungs-Analyse 59
Entscheidungsmethodik 56–58
Entscheidungsmatrix 57, 58
Erfolgskontrolle 60
Erlauber 42
Erkenntnisweg 128
Ernst, F. (OK-Positionen) 112, 113
Erwartungsklärung Coach/Coaching-Kunde 106, 107
Etappen eines Coaching-Gesprächs 19
Ethik-Kodex für Coaches 28, 29
Evaluation 21, 60
Evaluationsphase im Coaching 21

F

Feldkompetenz des Coach 22–24
Frage-Arten 62
Fragetechnik-Diamant 61, 62

G

Ganzheitlichkeit im Coaching 22
Gesprächsstufen 63, 64

H

Humankompetenz des Coach 22–23
Hunger („Psychologischer Hunger") 65, 67

I

Intimitäts-Quotient 68
Instrumenteneinsatz 14–16
Interaktionskompetenz des Coach 27
Intervention 55

K

Kahler, Taibi (Antreiber) 40–43, 81, 82
Karpmann, Stephen 92, 93, 119
Kernqualitäten, persönliche 75, 76
Klärungs-Hexagon 9
Kommunikationsebenen 79, 80
Kompetenzfelder 24–27
Kolb, T. (Lern-Profil) 83–87
Kraftfeld-Modell 77, 78
Kulturaspekte im Coaching 73, 74

L

Lebenslinie 44–46
Lebensphasen 44–46
Leitungskompetenz des Coach 22–24
Lernebenen 81, 82, 87
Lern-Loopings 82
Lerntyp-Profil 83, 86
Lewin, Kurt (Kraftfeldmodell) 77, 78
Lievegoed, Bernhard (Lebensphasen) 44–46

M

Metaphern 88, 89
McKenna (Beziehungs-IQ) 81, 82

N

Netzwerk (Ziele, Probleme) 90, 91

O

OK-Positionen 112, 113
Optionen in der Kommunikation 92

P

Passivität(sstufen) 94, 95
Peak-Experience 96

Pentagon-Modell 98, 99
Problemklärung 100–102
Problemlösungs-Lemniskate 100–1002
Pro-Contra-Liste 56, 57
Prozesskompetenz des Coach 22–24
4-P-Modell 134, 135
9-P-Modell 71, 72

R

Ressourcen-CHECK 103, 104
Rahmenbedingungen für Coaching 9
Riemann, Fritz (Verhaltensorientierung) 133
Rollenkonzept des Coach 105, 106

S

Sassen, Hans von (Problemlösung, Biografie, Rollenkonzept) 46, 79, 109, 114
Situationsanalyse 108–111
Selbstreflexionskompetenz des Coach 26, 35, 38
Selbstverantwortung 10, 112
Spiele (psychologische) 118, 119, 121, 122
Stabile Zonen 123, 124
Strategie-Planung 114–117

T

Transaktionen 47, 48, 120, 121
TOWS-Modell 125, 126

U

Urteile treffen (Lex Bos) 127, 128

V

Veränderungsprozess in der Zeit 28, 129, 13o
Vereinbarungs-/Kontraktphase 18
Verhaltensorientierung (Fritz Riemann) 131–133
Vernetzungskompetenz des Coach 22–24

Vertragsgestaltung 134
Verwendung der Instrumente 12–14
Visionsarbeit 136, 138
Voraussetzungen für den Coach 23

W

Wahlweg 128
Wahrnehmungs-Verzerrung 55, 139
Willensarbeit 141, 142

Weiterarbeit nach dem Coaching 40–43, 118–222

Z

Zeichnen (von Gefühlen) 152
Zeithorizonte 143–145
Zielvereinbarung 18
Zielpräzisierungs-Zonen 146–148
Ziel-Management 149–151